D0839178

LA CITÉ

Notre époque s'est découvert une nouvelle passion : l'intolérance.

Sur les réseaux et les plateaux, on criminalise celui qui ne pense pas comme nous. On le dénonce, on veut l'empêcher de parler.

Il est urgent de recréer un espace où puisse se tenir la rencontre sereine et exigeante des idées.

C'est tout le sens de cette nouvelle collection d'essais des Presses de la Cité.

Poser les bonnes questions (même si elles dérangent), respecter les faits, ouvrir des perspectives : telle est la ligne de conduite de La Cité.

En un mot, raviver la liberté de l'esprit.

LA RÉVOLUTION
RACIALISTE

DU MÊME AUTEUR

La Dénationalisation tranquille, Montréal, Boréal, 2007

Fin de cycle, Montréal, Boréal, 2012

Exercices politiques, Montréal, VLB, 2013

Le Tour du jardin : entretiens avec Mathieu Bock-Côté sur les livres, la politique, la culture, la religion, le Québec et la saisine (avec Jacques Godbout), Montréal, Boréal, 2014

Indépendance : les conditions du renouveau (sous la dir. De Mathieu Bock-Côté), Montréal, VLB, 2014

Le Multiculturalisme comme religion politique, Paris, Cerf, 2016 (format poche 2019)

Le Nouveau Régime, Montréal, Boréal, 2017

L'Empire du politiquement correct, Paris, Cerf, 2019 (format poche 2020)

Mathieu Bock-Côté

LA RÉVOLUTION RACIALISTE
et autres virus idéologiques

Les Presses de la Cité

© Presses de la Cité, 2021
92, avenue de France – 75013 Paris
ISBN 978-2-258-19609-4
Dépôt légal : avril 2021

Né en 1980 à Lorraine au Québec, Mathieu Bock-Côté est sociologue (PhD), chargé de cours à HEC Montréal et chroniqueur au *Journal de Montréal* et au *Figaro*. Il participe activement à la vie intellectuelle des deux côtés de l'Atlantique, à la fois dans la presse écrite et dans les grands médias audiovisuels. Au fil des ans, on a pu le lire dans *Commentaire, Le Débat,* la *Revue des Deux Mondes*, *Le Point*, *Marianne*, *L'Express*, *Valeurs actuelles* et *Causeur*. Auteur de nombreux ouvrages, ses travaux portent sur le régime diversitaire, le multiculturalisme, le populisme, le nationalisme québécois, l'histoire du progressisme et du conservatisme, et les mutations de la démocratie.

Pour mon père, Serge Côté, fier Québécois,
à qui ne viendrait jamais à l'esprit
l'idée de s'excuser d'exister.

*Un fait mal observé est plus perfide
qu'un mauvais raisonnement.*

Paul V<small>ALÉRY</small>

Sommaire

Toutes les traductions des citations en langue anglaise sont de l'auteur.

Avant-propos

Non, Sire, c'est une révolution

Ce n'est pas d'hier que les campus américains passent pour des asiles à ciel ouvert. Mais il était d'usage, chez les gens qui se voulaient raisonnables, de les regarder avec une distance amusée, en se disant, de très loin, qu'ils sont fous, ces Américains. Il n'en est plus ainsi. On ne rit plus devant leur délire et les aberrations qui en sortent ne sont plus traitées comme des faits divers mais comme des symptômes d'un mal plus profond. Leur univers mental s'est déconfiné et est désormais au cœur du débat public des sociétés occidentales. Une mouvance nouvelle, une nouvelle *gauche religieuse* américaine, la gauche « woke », qui se veut éveillée, éclairée par la Révélation diversitaire, et qui fait de la « race » la catégorie sociologique et politique la plus importante, multiplie les grandes processions au cœur des capitales et métropoles des deux côtés de l'Atlantique, en scandant des slogans « décoloniaux », pour qu'enfin s'effondre le vieil Occident, qui croulerait sous le poids du racisme systémique. La reconnaissance de ce dernier serait désormais impérieuse. Cette théorie devrait doré-navant être considérée comme le point de départ à partir duquel construire une société « inclusive ». On ne devrait plus débattre de la valeur de cette théorie mais débattre obligatoirement à l'intérieur de ses paramètres, qui baliseront la conscience col-lective. L'Occident serait raciste : qui n'accepte pas ce point de départ ne devrait plus être convié dans la conversation publique. Les sociétés évo-luées seraient capables de s'accuser et de mener à grande échelle une entreprise d'introspection, en multipliant les commissions d'enquête pour docu-menter la présence de systèmes discriminatoires sur leur territoire. Après des siècles d'aveuglement, il faudrait exposer au grand jour la structure raciale des sociétés occidentales, pour mieux la déman-teler et anéantir enfin l'empire de la « suprématie blanche ». Les sociétés qui résistent à cette théorie sont accusées de traîner la patte : elles seraient en retard sur la nouvelle normalité diversitaire. La gauche woke n'imagine pas qu'elle trouve devant elle d'honorables adversaires, mais des bouseux, des tarés, des ploucs, de pitoyables minus, des phobes, des racistes, c'est-à-dire des Blancs encore trop blancs, devant se déblanchir pour gagner en humanité. L'histoire de la décolonisation, engagée dans la seconde moitié du XXe siècle par les pays occidentaux, devrait se poursuivre désormais à l'intérieur de leurs frontières et les obliger à questionner leurs mythes fondateurs. C'est seulement lorsque les peuples occidentaux seront devenus étrangers chez eux qu'on la jugera achevée.

La racialisation des rapports sociaux devient l'horizon indépassable du progrès démocratique dans la civilisation occidentale. Au cœur de l'actualité éditoriale, les ouvrages à grand succès faisant le procès de son insensibilité raciale et lui intimant de reconnaître son *privilège blanc* se multiplient. Les militants racialistes veulent imposer leurs prémisses au cœur de l'espace public. C'est le cas de Reni Eddo-Lodge qui écrivait en 2014 : « A partir d'aujourd'hui, je n'aborderai plus la question de la race avec des Blancs. Pas tous les Blancs – juste l'écrasante majorité d'entre eux, qui refusent de reconnaître l'existence du racisme structurel et de ses symptômes. [...] Je ne veux plus de ce genre de débat, où les deux interlocuteurs partent souvent de points de vue radicalement différents. Je ne peux pas discuter avec eux des détails du problème s'ils ne reconnaissent même pas l'existence du problème lui-même. Mais il y a pire : les Blancs qui se disent prêts à envisager un tel racisme, mais qui

pensent que nous abordons la discussion d'égal à
égal[1]. » Reconnaître le « racisme structurel » serait
donc le point de départ de toute conversation sur
la « diversité ». Ce propos est aussi celui de Layla
F. Saad qui a pris la plume pour expliquer aux
Blancs, dans un ouvrage qui a trouvé un grand
écho, qu'aucune discussion publique ne serait
possible s'ils ne reconnaissaient pas d'abord que
les sociétés occidentales reposent sur le concept
de « suprématie blanche ». « De nombreux progressistes libéraux blancs aiment à croire que
nous sommes à une époque postraciale de l'histoire. Mais la vérité est que le racisme et le racisme
antinoir sont toujours bien vivants aujourd'hui. Les
BIPOC [*Black, Indigenous and People of Color*]
souffrent quotidiennement des effets du colonialisme historique et moderne. Le nationalisme de
droite antimusulman gagne en popularité dans le
monde occidental. Et l'hostilité aux Noirs continue d'être une forme de racisme que l'on retrouve
partout dans le monde. Il peut sembler que nous
sommes à un moment de l'Histoire où le racisme et
la suprématie blanche refont surface, mais la vérité
est qu'ils ne sont jamais partis. […] Et les BIPOC
dans les sociétés et espaces dominés par les Blancs
sont la cible de discriminations, d'iniquités, d'injustices et d'agressions constantes[2]. » Prétendant
parler à un public mondialisé, elle veut partout
placer au cœur de la vie publique la situation des
« racisés », qui devraient disposer d'une forme de
privilège épistémologique et moral dans la mise

en récit et la description de la société occidentale. Leur parole, et plus largement celle des minorités, ne saurait jamais être contestée. De tels discours ne sont plus rares : ils représentent la nouvelle orthodoxie, et si l'on peut dire, le sens commun promu par le régime diversitaire.

Pour les militants racialistes, l'Occident serait au sud des Etats-Unis du temps de la ségréga-tion, comparaison qui n'est certainement pas sans lien avec l'origine américaine de cette vision du monde. C'est à partir de l'expérience tragique des Noirs américains que les populations issues de l'immigration sont invitées à penser leur ins-cription dans le monde occidental, comme si elles appartenaient toute à une *internationale des dis-criminés* ou, mieux encore, une *internationale des « racisés »*. D'ailleurs, les principaux théoriciens de la gauche woke viennent des Etats-Unis, où ils sont parvenus à s'imposer comme les grands prescripteurs de la conscience collective, en plus d'être reconnus comme d'admirables professeurs de diversité. Ibram X. Kendi, qui prend la pose du « prophète de l'antiracisme[3] », affirme ainsi dans un livre devenu phare, *Comment devenir antiraciste*, que l'antiracisme authentique repose sur une conscience raciale revendiquée et militante. C'est aussi l'esprit qui anime Robin DiAngelo, auteure de *Fragilité blanche* et figure centrale du nouvel anti-racisme, partie en croisade pour amener les Blancs à découvrir leur propre racisme et s'engager dans une démarche expiatoire en leur proposant une entreprise thérapeutique afin de surmonter leur fragilité blanche, qui les empêcherait de s'investir pleinement dans ce que les Américains appellent une « conversation sur la race ». Centrant son analyse exclusivement sur l'histoire américaine, dont elle offre une lecture particulièrement simpliste, elle n'hésite pourtant pas à écrire que « chaque aspect de la blanchité [...] est partagé par quasiment tous les Blancs dans le contexte occidental en général et dans celui des Etats-Unis en particulier[4] ». C'est à partir de l'histoire américaine et de sa matrice sociologique très particulière qu'il faudrait désormais penser les « relations raciales » dans le reste du monde occidental. Les Etats-Unis représentent la puissance idéologique impériale de l'ère diversitaire, comme si par une ruse de l'Histoire, le flambeau révolutionnaire et progressiste était passé du vaincu au vainqueur de la guerre froide. Les Américains projettent leur représentation des rapports sociaux sur le monde, et veulent même le guider, pour emprunter les mots de Joe Biden, qui semble convaincu que le monde veut encore voir en eux un modèle de civilisation[5]. Aux Etats-Unis ou au Canada, les militants décoloniaux européens sont accueillis comme de grands intellectuels au « regard incisif[6] » rejetés dans leur patrie pour cause d'exclusion raciale – et pour corriger la situation, on leur ouvre les pages des plus grands quotidiens, à la manière d'intellectuels en demi-exil trouvant en Amérique un lieu où vivre leur diversité. L'Amérique du Nord aime se représenter comme la terre d'asile identitaire des « racisés » européens.

Qu'une telle mouvance se déploie n'est pas surprenant : le messianisme hante l'histoire de la civilisation occidentale et l'énergie religieuse inemployée dans une société sécularisée qui ne croit plus aux vieilles idéologies qui ont marqué le XXe siècle finira toujours par se canaliser quelque part. Aucune société n'est étrangère au désir d'absolu et la fiction libérale d'un monde consentant à un vide métaphysique se désagrège sous nos yeux. Et l'homme, à défaut de construire, veut souvent tout détruire. Mais que ce messianisme s'accouple avec la conscience raciale est peut-être plus étonnant, vu l'interdit qui la frappait depuis près de trois quarts de siècle. Le tabou qui pesait sur elle était-il artificiel ? La race, même intégralement déconstruite et symboliquement refoulée, est-elle condamnée à toujours resurgir ? On accorde désormais à la gauche woke le privilège de fixer les termes du débat public : même ceux qui critiquent ce qu'ils appellent ses excès consentent à ses prémisses. On se désole de ses dérives, sans critiquer ses fondements, comme si ses militants étaient des exaltés de la justice raciale ayant toutefois le malheur d'exagérer un peu. Joe Biden était-il conscient de la portée de la concession conceptuelle qu'il accordait à l'aile radicale du parti démocrate américain en faisant de la lutte contre le « racisme systémique » l'un des grands axes de sa candidature présidentielle[7] ? Emmanuel Macron savait-il vraiment ce qu'il faisait, en décembre 2020, en portant crédit à la théorie du « privilège blanc » ? Etait-il conscient qu'au-delà de la ruse désormais éventée du *en même temps* il basculait dans un imaginaire sémantique et conceptuel absolument étranger au substrat culturel de son pays ? Car ces concepts viennent en grappe, et qui s'empare de l'un d'eux embrasse les autres. L'ensemble tourne, toutefois, autour de la critique du mâle blanc, le grand satrape d'Occident qui incarnerait le diable dans l'Histoire, comme l'enseignent les *whiteness studies*, en vogue à l'université de part et d'autre de l'Atlantique. Le tour est venu pour celui-là de jouer le premier rôle dans la grande histoire mondiale du bouc émissaire, afin d'expliquer le racisme, le sexisme, le spécisme, les inégalités sociales, et jusqu'à la crise climatique[8]. On écrira « l'histoire des Blancs[9] » pour les amener à devenir « moins blancs », voire à se déblanchir : car « on ne naît pas blanc, on le devient[10] ». Raciste, l'homme blanc le serait du simple fait d'être blanc, comme l'explique Robin DiAngelo. Il porterait en lui la marque de 1492, année zéro de la chute dans le racisme de la civilisation occidentale, avec le début de l'expansion européenne. Tel serait le péché originel dont on devrait effacer toutes les traces dans le système mondial. Au cœur de la vie publique des sociétés occidentales se mène une bataille particulièrement féroce pour fixer une définition nouvelle du racisme, qui n'a plus rien à voir avec celle qu'on lui connaissait. La stratégie de la gauche woke est transparente, et même revendiquée, dans certains cas : il s'agit de s'emparer d'un mot frappé d'une universelle réprobation et de lui coller une nouvelle définition, que l'on dira scientifiquement validée parce qu'elle sera légitimée par les militants déguisés en experts qui sévissent dans les départements de sciences sociales et colonisent ensuite le langage médiatique. Et cette redéfinition ne touche pas que le racisme. Trop souvent, des commentateurs ou des observateurs de bonne foi se laissent berner. Horrifiés à bon droit par la signification traditionnelle de ces mots, comme discrimination et suprémacisme blanc, ils ne se rendent pas compte qu'ils ne renvoient plus à la même réalité. Croyant faire preuve de bonne foi, ils basculent dans un monde parallèle et jugent sévèrement ceux qui ne les rejoignent pas, comme s'ils refusaient l'évolution de la société.

Le régime diversitaire entre dans une période inédite qui correspond au surgissement au cœur des sociétés occidentales du décolonialisme. Il se radicalise en se racialisant. C'est la grande revanche des « exclus » de l'Histoire, qui serait un jeu à somme nulle. La nouvelle époque devrait être celle des « réparations », pour emprunter un terme remis à la mode par Ta-Nehisi Coates, un des principaux inspirateurs du renouveau racialiste américain[11]. La formule peut sembler brutale mais ne peut être esquivée : la révolution racialiste est une révolution contre les « Blancs ». Il est toutefois interdit d'y voir un racisme antiblanc, qui serait une impossibilité logique puisque le racisme doit être nécessairement blanc, et le blanc nécessairement raciste. Qui prend au sérieux l'hypothèse d'un racisme antiblanc sera automatiquement jugé d'extrême-droite, infréquentable. La technique, quoi qu'on en dise, demeure efficace pour transformer un luron en zombie, un bon vivant en mort-vivant. La révolution racialiste oblige ceux qui veulent la suivre à mille génuflexions et institutionnalise des rituels publics pour permettre aux anciennes élites qui veulent se convertir au nouveau régime d'y parvenir, en s'accusant des crimes convenus, en se délestant symboliquement de leurs privilèges et en récitant les bonnes prières. Tout régime qui s'installe ou s'implante exige qu'on se rallie à ses dogmes ou, mieux, qu'on les professe. Et le ralliement passe d'abord par une confession. Devant le grand tribunal révolutionnaire, de notre temps, l'homme blanc doit avouer ses crimes en pensée avant d'être intégré dans un nouvel espace public fondé sur la répudiation du monde d'avant. Il lui suffit de se regarder dans le miroir pour se savoir coupable. C'est en s'assumant comme blanc qu'il peut enfin s'engager dans la longue marche pour ne plus l'être complètement. Mais l'heure serait à « l'inversion de la question raciale[12] ». L'homme blanc devrait se faire rampant, après avoir mis le monde à genoux. Ainsi, il ferait repentance, en s'engageant dans un long processus d'expiation et de rééducation, en passant d'un atelier de formation à l'autre, où on lui apprendrait de quelle manière se défaire de sa blanchité. Il ne pourrait plus compter sur les populations minoritaires pour lui expliquer ses défauts, mais devrait entreprendre sa propre critique, en renonçant à la fiction de l'universalisme. C'est ce qu'on appelle le renversement de la « charge raciale »[13].

Il faudrait déboulonner sa statue partout, la piétiner et la rouer de coups tout le temps, comme le font de jeunes gens que de mauvais esprits diraient idéologiquement intoxiqués, ou même tout simplement possédés. C'est aux Blancs de s'engager dans cette déconstruction en « nomm[ant] leur couleur[14] ». C'est en assumant la charge des mille méfaits de ses ancêtres que l'homme blanc pourrait enfin se transformer en allié des groupes et populations qu'historiquement il dominait. Le progressiste se faisait une fierté, hier, de ne pas être raciste : il s'en fait une aujourd'hui de l'être, ou du moins d'avouer l'être, première étape pour ne plus l'être. A-t-il seulement le choix ? S'il procède autrement, il sera chassé des circuits du pouvoir et, plus encore, exclu du périmètre de la respectabilité médiatique et professionnelle. Il risquera la peine de mort sociale. Insistons : la logique du bouc émissaire se reconstitue au cœur de la cité. Nul n'est en droit de ne pas lancer de pierre à celui qu'on doit lapider symboliquement. Celui qui, au moment du lynchage, se fait porter pâle se condamne à devenir le futur lynché. Lyncher ou être lynché : tel est le code de conduite prescrit pour survivre dans la présente révolution. Ceux qui, dans le monde occidental, se montrent modérément enthousiastes à l'idée de se faire reconstruire, rééduquer, diaboliser ou minoriser démographiquement sont rangés dans une catégorie diabolique, les « haineux », qu'il faudrait combattre sans relâche, dans une entreprise de nettoyage éthique. Les « haineux » ne se livreraient à rien d'autre qu'au baroud de déshonneur de l'homme blanc. Déchu de l'humanité, le haineux n'est plus qu'un résidu du monde d'hier, assimilable au bois mort d'une civilisation qu'on liquidera sans la moindre gêne. La *cancel culture* est une culture de l'ostracisme, du bannissement, qui condamne symboliquement à la déchéance de citoyenneté celui qui ne reprend pas à son compte les slogans du régime. Il est transformé en exilé de l'intérieur et voué à une vie dissidente. Il peut aussi chercher à sauver sa peau. C'est une scène d'époque : la victime d'une cabale médiatique, accusée d'avoir péché contre la diversité, présente à ses agresseurs des excuses de la plus piteuse manière, dans l'espoir un peu vain qu'on lui pardonnera son dérapage idéologique. Un vaste système de surveillance des pensées se met en place. Les psychologues du régime diversitaire élaborent en laboratoire et au fil des colloques une batterie de tests pour mettre au jour les préjugés et coupables arrière-pensées, ou ce que l'on nomme doctement les biais et associations implicites de l'homme blanc, pour ensuite les déconstruire. Rarement, ils s'intéressent aux préjugés des « minorités », immunisées contre l'intolérance, sauf lorsqu'elles y recourent sur le mode défensif. Cette idéologie pénètre désormais le milieu de l'entreprise privée qui, loin d'y résister, s'en fait le vecteur, en assure la publicité, comme s'il s'agissait d'une image de marque.

Cette *nouvelle idéologie américaine* s'acharne particulièrement sur la France, à laquelle on reproche de s'entêter à ne pas voir le monde à travers le prisme racial. Ses promoteurs cherchent même à fabriquer, chez une partie des populations associées à la « diversité », une conscience révolutionnaire, au point d'iconiser une figure aussi trouble qu'Assa Traoré, ou de présenter comme une victime des violences policières le terroriste responsable de la décapitation de Samuel Paty, comme on l'a vu dans cette *Pravda* du régime diversitaire qu'est devenu le *New York Times*. La presse américaine présente une vision quasi concentrationnaire de la France. Ce pays excite le racialisme parce qu'il y résiste au nom de sa culture et des principes qui la traversent, ce qui ne veut pas dire que lui aussi ne soit pas travaillé par cette idéologie, qui y trouve quantité de relais. La France, dans cet imaginaire, devient en quelque sorte la nation contre-révolutionnaire par excellence et, comme à la Vendée en son temps, on veut lui réserver un mauvais sort – on pourrait parler ironiquement du destin vendéen de la France républicaine. Elle devient le lieu privilégié de la résistance au « wokisme » à l'intérieur du monde occidental. C'est elle qui doit céder pour que la révolution puisse triompher. Pascal Bruckner notait que le Québec aussi s'était laissé happer par la gauche woke et lui reprochait même, tristement, de s'en faire le relais entre les deux continents[15]. En réalité, il y résiste comme il peut, ce qui ne va pas de soi, tant il est enclavé dans un pays, le Canada, qui se présente comme l'avant-garde du régime diversitaire et campe aux marches de l'empire américain. Le Québec se trouve dans une situation existentielle et intellectuelle très particulière car il représente, d'un point de vue global, le point de contact entre l'impérialisme woke américain et la résistance française à cette idéologie. On trouve dans sa vie publique à la fois des traducteurs des concepts américains, qui s'empressent de les appliquer ainsi que de les exporter en France, mais aussi des intellectuels et des politiques qui font tout pour lui tenir tête à partir de leur expérience historique. A la manière d'une petite nation kunderienne, le Québec s'entête dans l'existence, toujours hanté par sa vieille quête d'indépendance. Devant l'accouplement morbide du multiculturalisme canadien et du racisme américain, il tient tête, comme en témoigne son combat pour la laïcité et pour la langue française. Le nationalisme québécois représente une authentique force de résistance au délire idéologique de notre temps en Amérique du Nord. Si on trouve souvent dans cet ouvrage des références au Québec, ce n'est pas uniquement parce qu'il s'agit de mon pays, mais parce qu'il s'agit probablement d'un des champs de bataille privilégié de ce combat qui se livre des deux bords de l'Atlantique.

On connaît l'échange entre le duc de La Rochefoucauld-Liancourt et Louis XVI à l'aube de la Révolution française. Au premier qui lui annonçait la prise de la Bastille, le roi demanda avec quelque perplexité s'il s'agissait d'une révolte. La réponse est connue : « Non, Sire, c'est une révolution. » On pourrait dire la même chose aujourd'hui de la révolution racialiste, en ajoutant qu'elle bascule maintenant dans la *terreur*, pour peu qu'on ne soit pas trop hostile à l'analogie historique. Après 1793 en France, 1917 en Russie et 1966 en Chine, la tentation totalitaire, que l'on pourrait présenter comme un fondamentalisme de la modernité, resurgit aujourd'hui dans l'histoire, à l'aube des années 2020. Nous ne sommes pas seulement devant des militants radicaux ivres de vertu qu'il suffirait de ramener à la raison mais face à une idéologie toxique, déjà dominante dans bien des domaines de la société, dont il faut maintenant comprendre les fondements et méthodes. C'est au nom de l'antiracisme qu'on invite désormais les hommes à se départager selon la couleur de leur peau. Si je consacre cet ouvrage au racialisme, c'est d'abord pour comprendre en temps réel la révolution qui se déploie en en explicitant le noyau théorique et idéologique, en montrant comment on ne saurait réduire au statut d'anecdotes et de faits divers les événements qui se multiplient dans l'actualité et qui témoignent de son avancée. Mais c'est aussi, plus modestement, pour mettre en garde ceux qui croient pouvoir en faire un usage modéré, à la manière réformiste, en triant entre les revendications de bon sens et les autres. Ceux qui s'imaginent ruser avec elle se feront broyer ou seront condamnés à s'y convertir. Qui entre dans sa logique n'en sort pas indemne. Il vaut la peine de paraphraser Pie XI : le racialisme *est intrinsèquement pervers*. Il enferme nos contemporains dans une série de jeux de langage qui transforment la définition du racisme, du sexisme, de l'identité sexuelle, de la discrimination, de l'intégration, de la liberté d'expression et de la démocratie. Il condamne chacun à s'enfermer dans une identité raciale étanche, régressive, incommunicable, à la différence de la culture, qu'on peut toujours intégrer, en s'appropriant ses codes, ses références, sa langue. Il déréalise le monde en l'idéologisant. Nombre d'excellents livres ont analysé avec finesse « l'imposture décoloniale[16] » et « la grande déraison[17] » qui empoisonnent la vie publique : le présent ouvrage entend poser cette question en l'inscrivant dans ce que j'appelle la sociologie du régime diversitaire. Car la philosophie politique aristotélicienne demeure bonne conseillère : c'est par son régime qu'on pense une société. Celui-ci la modèle, la formate. Pourtant, aucune société ne peut être absolument indifférente à la population qui la compose. Le monde occidental commence à voir la portée des transformations sociales entraînées par l'immigration massive[18]. Les appels

32

fervents à l'intégration substantielle des populations qui en sont issues pèsent de moins en moins
devant un facteur que la communauté des savants
jugeait encore hier négligeable : le poids démographique. Les fictions du vivre-ensemble s'effondrent
les unes après les autres. Tout le travail du régime
diversitaire, aujourd'hui, comme de ses services
de propagande privés et publics, consiste à multiplier les efforts pour dissoudre la signification
des événements tragiques qui se multiplient et qui
confirment l'entrée dans une société conflictuelle,
où s'effondre pour de bon le mythe de la diversité
heureuse.

Chapitre 1

L'émeute décoloniale et le nouvel iconoclasme

Les déboulonneurs de statues [...]
ne revendiquent rien d'autre que la reconnaissance
du déni d'une certaine histoire de ce pays.
Leur acte reste criant d'amour pour la France.

Jean-Pascal Zadi, *Le Monde*, 8 juillet 2020

Le 25 mai 2020, la mort de George Floyd, un homme noir, sous le poids de Derek Chauvin, un policier blanc de la ville de Minneapolis, a embrasé la planète en la plongeant dans une psychose raciale qui ne semble que s'accentuer depuis. La scène glaçante de huit minutes et quarante-six secondes symbolisait pour certains l'état lamentable des relations raciales dans un pays encore traumatisé par son passé esclavagiste et ségrégationniste. Les Etats-Unis d'aujourd'hui ont beau ne plus être ceux des années 1950, et ne pas correspondre à la caricature qu'en font trop souvent leurs compteurs, le pays demeure fortement clivé, et hanté par la question noire. De l'avis général, cette scène s'était répétée trop souvent au fil des ans pour ne pas être jugée révélatrice d'un malaise profond. *Black Lives Matter !* Le slogan apparu en 2013, alors que Barack Obama présidait aux destinées du pays, a trouvé un nouvel écho dans « l'Amérique de Trump », particulièrement polarisée. Il fallait obligatoirement penser du bien de l'insurrection BLM, et même de ses franges les plus radicales – on en trouvera même, quelques mois plus tard, pour faire de ce mouvement un candidat au prix Nobel de la paix. Les manifestations se multiplièrent pour dénoncer les « violences policières », jugées endémiques, et désormais intolérables. La colère était contagieuse. De Washington à Londres, d'Ottawa à Malmö, de Montréal à Paris, les foules se jetèrent dans les rues. Sans failles et sans reproches, BLM n'avait pour critiques que des insensibles ou des racistes. Après plusieurs mois d'un confinement inédit à l'échelle de l'histoire, les grandes manifestations témoignaient d'un réchauffement global des passions politiques. Les règles sanitaires jugées sacrées au nom de la lutte contre la Covid-19 pouvaient être suspendues si la cause en valait la peine et que ses militants brandissaient le bon étendard. En France, Christophe Castaner, ministre de l'Intérieur au moment des événements, expliquait que cette émotion, « légitime » et « planétaire », l'obligeait à tolérer les manifestations sans pour autant les autoriser. « Je crois que l'émotion mondiale, qui est une émotion saine sur ce sujet, dépasse au fond les règles juridiques qui s'appliquent. » L'indignation était plus forte que la pandémie.

Il y avait assurément une colère légitime chez ceux qui descendirent dans la rue pour exprimer leur indignation. Mais les manifestations américaines virèrent à l'émeute sans que les médias ne s'en émeuvent guère. Alors même que certains manifestants pillaient, affrontaient les forces de l'ordre, agressaient les quidams en terrasse, défilaient dans les banlieues pour en appeler à la confiscation des maisons des « Blancs » ou menaçaient des leaders politiques à San Jose et Portland, on continuait de parler des *peacefull protestors*, la formule devenant une source de moqueries semblable au « pas d'amalgame » français des années Charlie. Lorsqu'elles devenaient impossibles à masquer, les violences étaient jugées secondaires, attribuées à des casseurs n'ayant rien à voir avec les admirables militants de la justice raciale. Or ce récit enchanté décrivait mal la réalité d'une société saisie de convulsions raciales et de violences vengeresses. Pour un temps, les débordements devinrent la norme, avec l'approbation implicite du système médiatique. Certains commerçants affichaient à la devanture de leur établissement qu'ils étaient noirs, dans l'espoir d'être épargnés par les émeutiers[1]. Quant aux raids antifas, qui se multiplièrent, ils étaient systématiquement présentés comme des manœuvres défensives devant une société poussant les minorités à la détresse. Des activistes BLM osèrent voir dans les pillages une forme de « réparation » historique[2], la « défense de l'émeute » devenant même un thème de philosophie politique à la mode, la philosophe Vicky Osterweil y voyant un instrument privilégié pour renverser la « suprématie blanche » qui s'appuierait sur une sacralisation du droit de propriété et dissimulerait les inégalités raciales en les institutionnalisant derrière la société libérale. Cette théorisation de l'émeute légitimait une violence nouvelle visant à abolir le système de pouvoir asservissant les populations « racisées ». Une violence émancipatrice révélerait aux yeux de tous la guerre civile refoulée par l'ordre légal[3]. Elle créerait un contexte favorable à l'émergence des minorités dominées, n'ayant plus à respecter le dispositif juridique responsable de leur marginalisation. Les responsables du maintien de l'ordre, en s'opposant aux manifestants, étaient accusés d'exciter les tensions sociales, la simple présence de la police passant pour une provocation inacceptable, assimilée à une preuve de racisme. Au cœur des événements, les faits pouvant troubler ce récit construit pour légitimer l'insurrection ont été laissés de côté. Ils étaient systématiquement traités comme des *faits divers* sans portée symbolique : quiconque s'entêtait à rappeler leur importance risquait d'être accusé de complicité avec la suprématie blanche. Les citoyens victimes de violences furent considérés comme des victimes collatérales, sans signification politique. A tout prix, il fallait

sauver le grand récit de l'insurrection magnifique
et pacifique.

Les statues doivent tomber

Les révolutions sont iconoclastes. C'est même
à cela qu'on les reconnaît. Très rapidement, la
dénonciation des « violences policières » s'est
transformée en soulèvement « antiraciste » prenant
pour cible des statues, d'autant plus faciles à van-
daliser qu'elles n'étaient pas vraiment défendues.
La violence physique trouvait en les ciblant un exutoire provisoire. De ces traces du passé, il fallait
faire table rase. Le phénomène n'était pas neuf
et visait surtout aux Etats-Unis, depuis quelques
années, les statues de généraux associés à la cause
des Confédérés, comme celles du général Lee, la
réconciliation nationale s'étant accompagnée après
la Guerre civile de la célébration des héros des
deux camps. Cette paix mémorielle était désormais
jugée intolérable. Les arrangements noués au fil des
générations devaient être mis à terre pour procéder
à l'épuration symbolique du passé. Très vite, ce fut
au tour de la statue de Theodore Roosevelt d'être
déboulonnée à cause de ses préjugés « racistes »
et « colonialistes », idem pour celles d'Andrew
Jackson. L'université Princeton répudia quant à elle
l'héritage de Woodrow Wilson, désormais réduit
à ses positions favorables envers la ségrégation[4].
Vint ensuite le tour de celles d'Ulysses Grant et de

Thomas Jefferson. On en trouva pour en appeler au déplacement de la statue de George Washington, le premier président du pays, parce qu'il avait en son temps possédé des esclaves[5]. Même une école en l'honneur d'Abraham Lincoln fut débaptisée en Californie. En fait, ce ne sont plus seulement les Confédérés qu'on doit purger, mais les Blancs. Alexandria Ocasio-Cortez, la pasionaria de la gauche woke américaine, l'énoncera clairement au moment de commenter le déboulonnement de la statue d'un saint catholique de Californie, début août 2020 : « Nous avons plus de cent statues et portraits dans le Capitole. Presque tous sont des hommes blancs. Chaque statue pourrait être celle d'un saint canonisé sans que cela ne change rien au fait que l'effacement des femmes et des BIPOC de l'histoire américaine est une caractéristique de la suprématie blanche[6]. » Le mouvement s'appuyait aussi sur une perspective amérindienne, certains en son nom voulant en finir avec le mont Rushmore, où l'on trouve quatre sculptures monumentales de présidents américains. Comment ne pas faire, devant un tel appel, le rapprochement avec les bouddhas de Bâmiyân, dynamités par les talibans en mars 2001, ou avec la mise à terre des ruines de Palmyre, en 2015.

On aurait pu croire que les foules allaient finir par déterrer les morts, pour humilier jusqu'à leurs restes, comme s'il fallait violer le lieu de leur dernier repos ou du moins les expulser de leur tombeau. Chaque pays avait ses cibles, sous

40

la pression des mouvements « décoloniaux », s'as-
sociant mentalement aux Afro-Américains dans
une grande lutte transnationale contre le « suprémacisme blanc », par-delà les frontières, même
si les populations associées à la « diversité », en
Europe, ne sont pas des descendants d'esclaves
mais d'immigrés et de réfugiés, qui ont trouvé dans
les différents pays qui la composent des sociétés
où s'installer dans l'espoir de trouver une vie meilleure. L'heure serait à la radicalité, comme n'hési-
teront pas à l'écrire plusieurs militants : « [...] le
colonialisme a été quelque chose d'extrêmement
violent et "révolutionnaire" ; si l'on veut décoloniser, il faut peut-être aussi être révolutionnaire
en quelque sorte [...][7]. » Un slogan s'est imposé :
les sociétés occidentales seraient sous l'emprise du
racisme systémique. L'ordre social serait discriminatoire, raciste, sexiste, hétérosexiste, cisgenre,
capacitiste et spéciste. Sa décolonisation intégrale
serait le nouvel horizon de notre temps. Il faudrait
enfin faire tomber le *privilège blanc* et jeter à terre
une civilisation qui se serait avilie en commettant
les plus grands crimes. Le fond de l'air avait un
parfum de révolution culturelle. Au Canada, la
statue de John A. Macdonald sera plusieurs fois
vandalisée (ce n'était pas la première fois que
cela se produisait). En Belgique, la mémoire de
Léopold II faisait scandale depuis un bon moment,
à cause de son association intime à l'entreprise
coloniale au Congo, ce qui poussa d'ailleurs son
héritier à présenter ses excuses. En France, Colbert

était depuis longtemps dans la mire de la mouvance indigéniste, qui ne voulait plus voir chez lui que l'homme du Code noir. Même ceux qui hier encore étaient admirés, sinon adulés, furent renversés. Victor Schoelcher, l'abolisseur de l'esclavage, fut pris pour cible, ainsi que le général de Gaulle ou Victor Hugo. En Grande-Bretagne, la statue de Churchill fut vandalisée, avant de voir une école portant son nom débaptisée. On aurait pu croire Gandhi protégé contre la furie iconoclaste : il fut pourtant la cible des insurgés. Jusqu'à la Petite Sirène, à Copenhague, au Danemark, qui ne fut pas épargnée, en tant que « poisson raciste » ! Les peuples, apparemment, n'ont plus droit d'honorer leurs héros, ni même de les respecter. Ils doivent inverser leur regard sur leur propre histoire. Les Indigènes de la République, en France, dès la publication de leur manifeste, en janvier 2005, en avaient fait un point de doctrine essentiel : la France ne devait plus voir par exemple en Diên Biên Phu « une défaite, mais une victoire de la liberté, de l'égalité et de la fraternité[8] ». La seule manière d'être authentiquement démocrate aujourd'hui consisterait à reprendre le monde à zéro. Une nation témoignerait même de sa grandeur en cherchant à s'abolir : c'est dans la désincarnation angélique qu'elle trouverait sa rédemption. En renonçant à voir le monde à partir de sa propre histoire et de sa propre situation existentielle, elle parviendrait enfin à adopter le visage de l'humanité.

La statuaire n'était que la porte d'entrée d'une entreprise infiniment plus vaste de reconstruction identitaire. Une purge ou, plus exactement, une entreprise d'épuration digne de ce nom, pour aller jusqu'au bout d'elle-même, doit soumettre l'intégralité de l'existence collective à ses exigences. Les statues qui n'étaient pas déboulonnées devaient être « recontextualisées » – c'est-à-dire soumises à un cadre interprétatif univoque, dictant ce que notre temps doit retenir de l'époque dont elles sont le reflet, en leur adjoignant une plaque explicative détaillant les griefs que notre temps retient contre ceux qu'elles représentent. La campagne contre le film *Autant en emporte le vent*, menée depuis 2017, a ainsi trouvé un nouvel écho dans la dynamique créée par les manifestations antiracistes. Il fallait l'associer à un cadre interprétatif fixe, pour préciser ce qu'il était permis d'en penser et ne plus tolérer le caractère polysémique de l'œuvre. Le régime diversitaire étend son empire vers le passé et entend exercer sa souveraineté sur le cinéma, la chanson, la peinture, la littérature. Les sociétés doivent revisiter leur patrimoine culturel : même *Tintin au Congo* doit y passer ! C'est dans cet esprit que le journal montréalais *La Presse* s'est questionné quant à la rediffusion de séries télévisées québécoises qui colporteraient des préjugés et présenteraient des personnages stéréotypés. Ne faudrait-il pas revisionner ces séries et créer des comités de commissaires chargés de trier idéologiquement les œuvres venues du monde d'hier pour s'assurer qu'elles ne heurtent pas la sensibilité du monde d'aujourd'hui[9] ? De son côté, Disney+ retirera de la section enfant de son site de diffusion certains dessins animés classiques, parmi lesquels *Peter Pan*, *Aladdin*, *Dumbo* ou *Les Aristochats*, et les associa dans la section adulte à un panneau explicatif : « Ce programme comprend des représentations datées et/ou un traitement négatif de personnes ou de cultures. Ces stéréotypes étaient déplacés à l'époque et le sont encore aujourd'hui. Plutôt que de supprimer ce contenu, nous tenons à reconnaître son influence néfaste afin de ne pas répéter les mêmes erreurs, d'engager le dialogue et de bâtir un avenir plus inclusif, tous ensemble. » Autrement dit, ces films n'auraient jamais dû exister, ils auraient dû faire honte à l'époque, ils font honte aujourd'hui, et nul ne devrait avoir de plaisir à les regarder. Ils demeurent en ligne parce qu'on ne peut pas tout bannir d'un coup. Les exemples s'accumulent : HBO, qui avait acheté les droits de la série *South Park*, décida d'en retirer cinq épisodes où Mahomet était caricaturé[10]. Les esprits moqueurs se sont rapidement demandé s'il faudrait désormais recontextualiser les sketchs des Monty Python ou les différents films de la série OSS 117, en précisant qu'il s'agit d'humour au second degré ; ou même les James Bond : dans quelle mesure le néoféminisme autorisera-t-il la survie d'œuvres ne mettant pas en scène le désir tel qu'il doit aujourd'hui se canaliser, au point que l'espion séducteur pourrait être accusé de partici-

per à la *culture du viol* ? La franchise s'est assurée de ne plus commettre d'impair pour l'avenir,
en annonçant que dans les prochains films de la
série, 007 ne serait plus un homme blanc mais
une femme noire, l'heureuse élue, Lashana Lynch,
expliquant que ce passage, loin d'être banal, était
« très, très révolutionnaire ». Autrement dit, il ne
s'agissait pas que d'un changement de personnage
ou de la création d'une figure nouvelle dans la série
mais d'une transformation idéologiquement signifi-
cative et revendiquée. Elle n'était pas la seule dans
cette situation : il fallait, au Royaume-Uni comme
en Finlande, le plus souvent possible, au nom de
la diversité, effectuer la même opération avec les
personnages issus du passé, au nom des droits de
la diversité. Anne Boleyn comme Mannerheim y
passèrent. Comme on pourra le lire dans *Jeune
Afrique*, « la tendance générale est à la féminisa-
tion et à la "colorisation" de rôles emblématiques
jusqu'ici réservés à des mâles blancs, parfois au
prix de quelques contorsions avec les œuvres ori-
ginales[11] ». La maîtrise du passé et de ses représentations historiques ou artistiques s'est ainsi imposée
comme une méthode privilégiée de rééducation
idéologique, l'œuvre d'art étant transformée en instrument pédagogique. Ce qui vient du passé doit
être retraduit en termes actuels pour éviter que les
œuvres du monde d'hier ne contaminent le présent.
Celles qui sont produites aujourd'hui ne doivent
pas heurter le régime diversitaire et ses minorités
protégées, comme on le voit avec certaines maisons

d'édition américaines embauchant des *sensitivity readers,* des lecteurs de sensibilité, chargés d'assurer une représentation idéologiquement correcte des personnes qui s'y retrouvent, ce qui n'est pas sans évoquer la réécriture de l'histoire et de la littérature chez Orwell. On trouve même des écrivains pour confesser leur désir de rééducation, en expliquant qu'ils auraient aimé « avoir affaire à des lecteurs ou lectrices de sensibilité » pour éviter les « passages hautement problématiques » au moment d'écrire leurs récents livres, pour ne pas froisser les communautés minoritaires[12].

Les grandes entreprises disposant d'une véritable visibilité médiatique ont tout fait pour officialiser leur ralliement à la nouvelle poussée du régime diversitaire, en multipliant les tweets, communiqués et déclarations, pour éviter que leur silence ne passe pour un acte de dissidence. De Nike à Decathlon, en passant par Apple, Pepsi, Coca Cola et Gillette – qui s'était déjà fait les dents contre la masculinité toxique –, sans oublier Greenpeace et les autres organisations à prétentions humanitaires, elles n'en finissaient pas de se vouloir exemplaires sur le plan diversitaire. D'une entreprise à l'autre, les mêmes formules revenaient pour dénoncer rituellement le racisme systémique et annoncer de grandes mesures pour marquer l'engagement toujours plus poussé dans la promotion de la diversité. La compagnie danoise Lego pendant un temps a même cessé de diffuser ses constructions pour enfants représentant la Maison-Blanche ou des policiers. Mais c'est peut-être L'Oréal qui est allé le plus loin, en bannissant le mot « blanc » de ses produits, au nom de la lutte contre le racisme. A moins qu'il ne s'agisse du *New York Times*, annonçant vouloir écrire désormais le mot Noir avec une majuscule, sans en faire autant pour le mot blanc. La présidente fondatrice des Sleeping Giants, les activistes spécialisés dans l'inquisition idéologique et le *name and shame,* a d'ailleurs formulé une mise en garde : qui refuse de réformer sa culture d'entreprise selon sa définition de l'antiracisme sera accusé de perpétuer les structures de la suprématie blanche[13].

1619 *ou la réécriture pénitentielle de l'histoire occidentale*

La question raciale traverse assurément l'histoire des Etats-Unis, mais ils croyaient s'en être globalement délivrés depuis les années 1960, avec la révolution des droits civiques, qui avait permis l'intégration des Noirs dans la nation américaine, bien qu'elle demeure sans le moindre doute à parachever. Mais la dynamique des *radical sixties* a transformé la question raciale. L'ensemble des « minorités » en vinrent à s'identifier aux Noirs, comme s'ils partageaient la même expérience historique, comme si la situation des Afro-Américains devenait la matrice pour expliquer les autres parcours « minoritaires ». Cette radicalisation de l'égalitarisme américain s'est fait sentir à partir du milieu des années 1980. Ce qu'on a vite appelé la querelle du politiquement correct a d'abord porté sur la *décolonisation* du corpus universitaire à travers la remise en question des œuvres qui le constituaient – les *Dead White Males* y pèseraient trop lourdement. Il fallait en finir avec Homère, Platon, Shakespeare et bien d'autres pour faire de la place aux récits minoritaires, pour désoccidentaliser la culture américaine. Cette révolution identitaire s'est transposée dans le récit collectif américain. Depuis le début des années 1990 avec les *National Standards*, qui proposaient une réécriture postnationale et postoccidentale de l'histoire du pays, la conscience historique américaine a connu une profonde mutation, sous le signe d'une hypercritique des origines, et surtout d'une volonté de la couper une fois pour toutes de son noyau originel. Les Etats-Unis n'étaient plus appelés à poursuivre l'histoire occidentale sur le continent nord-américain, mais à en inaugurer une toute nouvelle, où se croiseraient les peuples et les civilisations engendrant un monde nouveau, pour peu qu'ils parviennent à se laver une fois pour toutes de la souillure de leur péché originel. Cette perspective historique en vint à se normaliser dans le discours public. C'est dans cet esprit qu'on peut aborder le projet 1619, lancé par le *New York Times* en 2019 et associé à Nikole Hannah-Jones, qui prend le relais des *National Standards* en les radicalisant. Dans un contexte idéologique et social marqué par la résurgence de la question raciale, son objectif est de réinterpréter l'histoire américaine, pour en transformer la signification identitaire, en faisant du racisme sa trame fondamentale, et peut-être même exclusive. Les premières victimes de la traite négrière dans les colonies britanniques d'Amérique du Nord sont arrivées en 1619 : ce serait le véritable moment inaugural de l'histoire américaine. C'est d'abord à partir de l'expérience afro-américaine qu'il faudrait raconter l'histoire du pays : elle en représenterait le noyau existentiel. Le projet 1619 entend « recadrer l'histoire du pays en plaçant les conséquences de l'esclavage et les contributions des Noirs américains au centre même de notre récit national[14] ». Alors que le racisme était traditionnellement perçu comme une perversion de l'idéal américain, il est de plus en plus considéré comme le révélateur de la nature profonde du pays. Il n'en serait pas la tare honteuse, mais la vérité inextricable. Nikole Hannah-Jones écrit ainsi qu'une telle entreprise de réécriture « nous oblige à placer les conséquences de l'esclavage et les contributions des Noirs américains au centre même de l'histoire que nous nous racontons sur qui nous sommes en tant que pays ». L'heure serait venue du « procès de l'Amérique », pour reprendre la formule de Ta-Nehisi Coates, et des grandes « réparations » : « Les réparations – par ce mot, j'entends la pleine reconnaissance de notre histoire collective et de ses conséquences – sont le prix à payer pour pouvoir nous regarder en face[15]. » Non seulement l'Amérique se serait constituée en tant que société esclavagiste, mais elle aurait en plus normalisé à l'échelle du monde le principe de la suprématie blanche. « Après 1776, les Etats-Unis ont continué de participer à un système mondial généralisé de suprématie blanche – système dont les conséquences mortelles se produisent encore aujourd'hui[16]. » Le renversement de la suprématie blanche, qui ne se réfère plus dès lors aux mouvements racistes mais à la structure même du pays, ne serait possible qu'à travers cette reconnaissance. Ta-Nehisi Coates le dit clairement : « La suprématie blanche n'est pas simplement la création de démagogues impétueux ou un problème lié à une fausse prise de conscience, mais une force si fondamentale à l'Amérique qu'il est difficile d'imaginer le pays sans elle[17]. » La formule revient désormais en boucle dans le discours public américain, comme l'a constaté le *New York Times* avec une pointe de malaise. « La star de cinéma Mark Ruffalo a déclaré en février que Hollywood nageait depuis un siècle dans "une culture homogène de suprématie blanche". Le directeur du Metropolitan Museum of Art, l'un des musées les plus prestigieux de la ville de New York, a reconnu cet été que son institution reposait sur la suprématie blanche, tandis que, à quatre pâtés de maisons de la ville, le personnel de conservation du Guggenheim dénonçait une culture du travail qui s'y imprégnait. Le comité de rédaction du *Los Angeles Times* a présenté des excuses […], se décrivant comme "profondément enraciné dans la suprématie blanche" pendant au moins ses quatre-vingts premières années. En Angleterre, le groupe de travail sur la décolonisation de la British National Library a mis en garde les employés sur le fait que la croyance en un "daltonisme" ou l'opinion selon laquelle "l'humanité est une seule famille humaine" sont des exemples de "suprématie dissimulée des Blancs"[18]. » On devine la portée de cette réécriture dans le contexte des manifestations de juin 2020. Cette perspective est désormais bien ancrée dans la culture populaire afro-américaine. On en trouvera même pour prôner le boycott des fêtes du 4 juillet, tel Colin Kaepernick. Ce joueur de football a contribué à la renommée de BLM à partir de 2016, en s'agenouillant au début de chaque match en signe de protestation lorsque l'hymne national américain résonnait. En refusant par ailleurs de se rallier à la Fête nationale, il incarne bien cette radicalité nouvelle : « Les Noirs ont été déshumanisés, brutalisés, criminalisés et terrorisés par l'Amérique pendant des siècles, et devraient rejoindre votre commémoration de "l'indépendance", pendant que vous asservissiez nos ancêtres. Nous rejetons votre célébration de la suprématie blanche et nous nous réjouissons de la libération de tous[19]. » Le passé remonte à la surface, les époques se confondent et se fusionnent, les repères se brouillent : l'Américain d'aujourd'hui utilise les mêmes mots pour parler de la société démocratique actuelle que pour parler de la société esclavagiste d'hier dans un monde qui, étonnamment, prétend se méfier de la postvérité.

La solidarité des BIPOC

A bien des égards, le projet 1619 déborde largement les frontières américaines. Partout, les populations issues de l'immigration sont invitées à repenser leur situation à la lumière de l'expérience afro-américaine – qui devient l'expérience traumatique paradigmatique à la grandeur du monde occidental. Un étrange renversement de situation veut que les Etats-Unis deviennent un modèle sur le plan des relations raciales et de l'émancipation des minorités[20]. Rokhaya Diallo va jusqu'à parler de manière admirative des « Etats-Unis où la non-blanchité n'est pas systématiquement liée à une présomption d'extranéité ». Elle ajoute, toujours en prenant les Etats-Unis pour modèle, que « les Américains ont adopté des dénominations tenant compte de leurs origines : *African-American, Latino-American, Asian-American, Irish-American…* ce sont les minorités qui, après des siècles d'assignation (*negro, colored…*), ont imposé leur choix. Ces Américains […] ne sont pas moins américains que les autres. […] Bien au contraire, ils revendiquent pleinement chacune de leurs appartenances qui, au lieu de se concurrencer ou de s'anéantir, se renforcent[21] ». Les Etats-Unis jouent désormais un rôle central dans un parcours quasi initiatique pour les intellectuels qui se veulent « racisés ». La militante décoloniale Maboula Soumahoro va jusqu'à dire que la langue anglaise devient un symbole d'émancipation pour les populations « racisées » parce qu'elle leur permet d'entrer en contact avec le monde occidental au-delà de leur contexte national. L'Amérique devient un détour mental pour permettre aux « racisés » de renouer avec la « fierté raciale[22] ». Les pays sont invités à retraduire leur histoire à partir des catégories engendrées par la part la plus traumatique de l'histoire américaine, la grande insurrection des BIPOC[23] – *Black, Indigenous and People of Color*, la formule apparue en 2013 s'inscrit dans la perspective intersectionnelle et la convergence des luttes et entend unir sous un seul étendard les victimes de la « suprématie blanche » – s'annonçant victorieuse. La chute de l'homme blanc dans l'enfer du racisme remonterait à l'expansion européenne. L'histoire de l'Occident serait d'abord celle du colonialisme, du racisme et de l'esclavage, et c'est seulement à condition de le reconnaître que les populations qui s'y sont installées librement depuis cinquante ans pourraient s'y sentir reconnues. « Ce qui caractérise la culture et l'histoire modernes, c'est la structuration du monde entre les Occidentaux et les pays exploités par l'Occident. On ne peut pas ne pas se dire que l'on jouit aujourd'hui d'un passé, sans penser à ce que cela a coûté à d'autres », dit Rokhaya Diallo[24]. En d'autres termes, la prospérité de la civilisation occidentale serait fondamentalement illégitime : elle ne devrait rien à sa propre dynamique religieuse, philosophique, politique, culturelle, technique et économique. Elle serait exclusivement le fruit de l'exploitation coloniale et du pillage. Ce n'est pas parce qu'il était puissant que l'Occident a pu se lancer à la conquête du monde, mais parce qu'il s'est lancé à la conquête du monde qu'il est devenu puissant.

C'est dans cet esprit que la statue de Christophe Colomb fut aussi ciblée dans de nombreuses villes américaines. Au fil des ans, de nombreuses commémorations qui lui étaient consacrées ont été remplacées par des célébrations publiques des nations amérindiennes. Au début des années 1990, certains activistes faisaient scandale en comparant Christophe Colomb à Adolf Hitler, pour convaincre les Nord-Américains de l'horreur génocidaire au cœur de leur histoire. Aujourd'hui la comparaison est presque banale. Célébrer le *Colombus Day* serait même un marqueur raciste. Comme on l'apprend dans les ateliers de *diversity training*, le découvreur des Amériques passe désormais pour la figure inaugurale de la modernité occidentale génocidaire. Le titre de « découvreur » lui est d'ailleurs contesté, puisqu'il témoignerait d'une perspective eurocentrique sur le monde, avec laquelle les Européens et leurs descendants du Nouveau Monde devraient rompre pour marquer leur adhésion à la civilisation diversitaire. Il n'y aurait rien de glorieux à la colonisation de l'Amérique : les sociétés issues de la colonisation européenne seraient fondamentalement criminelles, quelle que soit la diversité de leurs histoires. Les colonisations française, anglaise, portugaise, espagnole et néerlandaise sont confondues en une seule entreprise d'impérialisme blanc. Qu'importe si elles ont abordé de manière très différente les populations amérindiennes, ainsi qu'en témoigne, en Nouvelle-France, la figure de Champlain, partout l'homme blanc serait le même[25].

Il s'agit désormais de décoloniser le Nouveau Monde en en expulsant symboliquement les Européens et leurs descendants, au nom d'une Amérique précolombienne pure, qui s'engagerait aujourd'hui dans une entreprise de *Reconquista* amérindienne[26]. On parle aussi d'une « autochtonisation » du pays. Le Canada est particulièrement engagé en la matière : lui qui a longtemps été tiraillé par le contraste de ses héritages anglais et français, a voulu, à l'entrée du nouveau siècle, embrasser l'utopie diversitaire, tout en accordant aux Amérindiens le statut de Premiers Peuples – on dit aussi Premières Nations. Ces derniers seraient dépositaires d'une souveraineté originelle à restaurer à la manière d'un pouvoir spirituel – ils seraient aussi porteurs d'une tradition politique absolument féconde, à redécouvrir d'urgence, pour penser désormais des rapports politiques détachés de toute logique de domination[27]. L'Amérique du Nord d'avant la chute colonialiste serait une terre vierge qui porterait l'avenir du monde. Comme l'écrit la militante décoloniale Robyn Maynard,

« les frontières qui séparent le Canada des Etats-
Unis et du Mexique ne sont en outre rien d'autre
que des tracés coloniaux qui séparent les familles et
les collectivités les unes des autres et les disloquent ;
la réglementation frontalière elle-même nie la souveraineté autochtone des Inuits, des Métis et des
membres des Premières Nations sur leurs territoires ancestraux[28] ». L'abolition des frontières
ou, du moins, leur neutralisation pour permettre
l'ouverture intégrale des pays nord-américains aux
migrants qui aujourd'hui traversent le monde,
concrétiserait ce processus de décolonisation, la
souveraineté des Etats étant enfin annihilée. Le
continent américain, qu'il est bien vu d'appeler l'île
de la Tortue, comme le désignent certains peuples
amérindiens, devrait désormais être considéré
comme un *territoire non cédé*, comme le répètent
désormais les principales figures de la classe
politique canadienne, à la manière d'une prière,
avant chaque événement officiel, mais qu'on peut
entendre aussi à répétition dans les salles de spectacle et les salles de classe. L'université Concordia
à Montréal en propose même une formule officielle : « J'aimerais/Nous aimerions commencer
par reconnaître que l'université Concordia est
située en territoire autochtone, lequel n'a jamais été
cédé. Je reconnais/Nous reconnaissons la nation
Kanien'kehá : ka comme gardienne des terres
et des eaux sur lesquelles nous nous réunissons
aujourd'hui. Tiohtiá : ke/Montréal est historiquement connu comme un lieu de rassemblement pour

de nombreuses Premières Nations, et aujourd'hui, une population autochtone diversifiée, ainsi que d'autres peuples, y résident. C'est dans le respect des liens avec le passé, le présent et l'avenir que nous reconnaissons les relations continues entre les peuples autochtones et autres personnes de la communauté montréalaise[29]. » Les peuples issus de la colonisation européenne sont sommés de s'excuser publiquement d'être là – la rhétorique décoloniale étant même récupérée par une frange de la jeune génération issue de l'immigration pour remettre en question l'exigence d'intégration culturelle à la société d'accueil dans la mesure où elle conteste ainsi la légitimité même de ces sociétés. Ainsi, au Québec, des descendants d'immigrés arrivés à partir des années 1970 dans une société qui a fait preuve de la plus grande hospitalité à leur endroit se réclament par identification raciale de la mémoire de l'esclavage américain pour faire le procès de la société qui les accueille, en allant même jusqu'à instrumentaliser les luttes amérindiennes pour transformer la Nouvelle-France en entreprise prédatrice illégitime. C'est par résistance à la suprématie blanche et solidarité avec les Amérindiens que les jeunes militants racialistes qui se revendiquent de la croisade décoloniale refusent explicitement leur intégration au peuple québécois. Anastasia Marcelin, la présidente de la Ligue des Noirs nouvelle génération, clamera ainsi, dans le cadre des manifestations de juin 2020, que « le Québec n'appartient pas qu'aux Blancs.

Le Québec, d'abord, appartient aux Premières Nations. Il appartient aussi aux immigrants[30]». Ce discours sera de plus en plus fréquemment exprimé sur les réseaux sociaux, à la manière d'une évidence. Webster, un rappeur spécialisé dans l'activisme racialiste, ira même jusqu'à redéfinir l'histoire du Québec : « Juste de penser que notre histoire a quatre cents ans, c'est faux ! Notre culture est millénaire. On commence à compter notre histoire à partir de l'arrivée des Français, ce qui est absurde. Il y avait de l'esclavage ici avant l'arrivée des Européens. Ensuite, si on parle d'esclavage noir, des Afro-Américains, des Afro-Caribéens et des Africains ont vécu ici à partir de 1600[31]. » Le caractère fondateur de la colonisation française est ainsi délégitimé, et déconsidéré. Par ailleurs, les Québécois, qui s'étaient traditionnellement perçus comme un peuple colonisé et aliéné en son propre pays depuis la conquête anglaise de 1760, ne seraient finalement qu'un peuple de plus bénéficiant du privilège blanc. Leur histoire vient s'abolir dans leur couleur de peau : elle perd sa singularité, sa profondeur, sa signification, pour être ramenée à une simple subdivision locale de la grande histoire impérialiste occidentale. Les Québécois sont expropriés symboliquement de leur histoire au nom de l'ouverture à la diversité. A terme, et dans un jeu de langage qui témoigne d'une révolution des mentalités, les Amérindiens en viennent à être présentés comme des Autochtones, ce qui n'est certainement pas contestable, et les

Québécois, comme les *Allochtones*, ce qui est plus étonnant – en d'autres termes, ils deviennent, dans leur manière même de se nommer, des étrangers chez eux, extérieurs à eux-mêmes, en poussant le décentrement identitaire jusqu'à l'expulsion de soi[32].

Décoloniser l'Europe en la désoccidentalisant

Le décolonialisme frappe aussi l'Europe. L'Europe devrait institutionnaliser son propre procès pour se décoloniser, se dénationaliser, se « déblanchir », comme le demande la mouvance indigéniste apparue en 2005 dans les banlieues françaises. Ce nouvel antiracisme fait ainsi explicitement référence aux populations coloniales d'antan et aux Afro-Américains et Amérindiens du Nouveau Monde, pour les solidariser dans une même lutte contre le monde blanc, assimilé à l'Europe. Sadri Khiari, un de ses théoriciens de référence, explique que « la société française est ainsi constituée par l'ensemble des médiations sociales, politiques, culturelles des procédures, dispositifs, institutions, logiques abstraites grâce auxquels le bon bourgeois blanc n'existerait pas si à l'autre bout de la chaîne n'existait pas l'indigène martiniquais, sénégalais, vietnamien ou tunisien. La société française est un engrenage colonial. Elle est le double continuum, temporel et spatial, à travers lequel se reconstitue en

permanence, se brise et se remodèle dans l'affrontement racial, dans les rapports de forces, la relation
coloniale. […] La société française est la suprématie
blanche[33] ». L'argument est connu : l'immigration
massive est toujours présentée comme une consé-
quence de la décolonisation, à la manière d'un
reflux démographique des anciennes colonies vers
leurs métropoles – sans qu'on ne se demande pourquoi des sociétés comme la Suède, le Danemark ou
la Norvège sont aussi emportées par cette tendance.
Devant la présence de l'autre en ses murs, le monde
occidental révélerait ses structures racistes et raciales
invisibilisées par un discours à prétention universaliste. Il poursuivrait dans ses frontières la domination
des populations issues du monde colonial comme
il les dominait à l'ère impériale. La diversification
démographique accélérée des sociétés occidentales
révélerait à l'avantage de quel groupe elles se sont
constituées – le peuple historique de chaque pays
étant ainsi transformé en groupe hégémonique exerçant une domination coloniale et institutionnelle sur
les populations nouvelles venues par l'immigration,
et qui réclameraient désormais qu'on respecte leur
droit à l'égalité. On ne veut plus désormais y voir
qu'une majorité ethnique ou une majorité blanche.
La teinte culturelle que chaque société particulière
donne aux principes universels dont elle se réclame
les rendrait discriminatoires. Dès lors, la déconstruction de la culture nationale devient une exigence
impérieuse de la politique démocratique et les minorités doivent être vues comme d'authentiques forces

d'émancipation, obligeant les sociétés d'accueil à se conformer à leurs propres principes. Les mots utilisés par Christiane Taubira relèvent à cet égard du quasi-rituel : « Jusqu'où résistent nos convictions sur la liberté et l'égalité, sur la démocratie comme système institutionnel pour tous ? Quel dérangement de confort, quelles privations de privilèges sommes-nous, sont-ils prêts à consentir pour que les proclamations sur la liberté, l'égalité, la démocratie ne soient pas que de pures tartufferies[34] ? » Certains verront néanmoins dans ce discours une instrumentalisation de la mémoire coloniale animée par un ressentiment vengeur. Ou plus simplement encore une manifestation du facteur démographique : quand une population de culture et plus encore de civilisation étrangères s'installe massivement dans un pays, elle finit souvent par y former une contre-société animée par sa propre mémoire, qui peut entrer en conflit avec celle du peuple historique de la société d'accueil, surtout s'il est contesté dans son droit à la continuité historique. La décolonisation engagée dans les années 1950 n'ira au bout d'elle-même que lorsque les peuples européens seront étrangers chez eux. Ils sont d'ailleurs accusés de verser dans le néocolonialisme lorsqu'ils cherchent à assimiler ou intégrer substantiellement les populations immigrées – une telle accusation n'est jamais adressée toutefois aux populations qui s'y installent et imposent leurs mœurs, la question du voile islamique étant de ce point de vue la plus emblématique. Léonora Miano le dit sans ambiguïté : « Les Français sont mal placés pour exiger que quiconque s'établissant dans leur pays en adopte les mœurs, la langue et baptise ses enfants selon les usages locaux[35]. » De nouveaux symboles devront remplacer les anciens, et les nations sont même appelées à changer d'ancêtres glorieux, pour se délivrer de l'« occidentalité », ajoute Miano, qui se montre particulièrement féroce : « Confronté à l'histoire des conquêtes coloniales et plus encore de l'esclavage, le mensonge qui prospère dans le pays à propos d'une cécité face à la couleur de la peau se désagrège. C'est là que le refus de se reconnaître dans l'autre est le plus criant. Il suffit d'évoquer la question de l'esclavage colonial pour que les pourfendeurs du communautarisme se découvrent blancs, de façon essentielle et irrémédiable. Les valeurs que l'on proclame tout le jour n'ont plus cours. Si tel était le cas, c'est dans celui qui les incarne que l'on verrait le reflet de soi. C'est de son côté que l'on se tiendrait, résolument. La chose ne se produit jamais. Or, même en faisant preuve d'une extrême mauvaise foi, il est impossible de ne pas voir que, dans cette histoire, c'est l'opprimé, l'esclavagisé, qui fait de sa vie une quête inlassable de liberté, d'égalité, de fraternité. Il est la France dans ce qu'elle a de plus noble et telle qu'elle prétend se dire au monde. Mais il est noir[36]. » L'Europe serait blanche, trop blanche : elle serait coloniale, fondamentalement coloniale. Elle serait coupable, essentiellement coupable. Elle ne se décolonisera qu'en se déblanchissant, et c'est ainsi qu'elle romprait avec le racisme consubstantiel à l'Occident.

Martyriser les corps « racisés » : la cruauté concentrationnaire de l'Occident policier

Il n'en demeure pas moins que l'insurrection de juin 2020 a d'abord trouvé son prétexte dans les violences policières contre les jeunes hommes noirs. Que de telles tensions traversent l'histoire américaine est indéniable. Qu'il faille les projeter ailleurs dans le monde occidental, comme si toutes ses nations reproduisaient dans leur vie collective les dérèglements américains, l'est beaucoup moins. La thèse anxiogène de persécutions policières à grande échelle contre les minorités en Occident s'est pourtant imposée partout au cœur du récit médiatique. A travers elles se concrétiserait un régime néocolonial fondé sur un profilage racial systémique s'exerçant contre les corps « noirs » et les corps « bruns ». Chaque situation dégénérant entre les forces de l'ordre et un jeune homme « racisé » est ainsi mise en scène médiatiquement à la manière d'un événement confirmant la nature profondément raciste de l'ordre social. Les « violences policières » seraient au cœur d'un système répressif pour empêcher l'émancipation des « racisés » et les condamner à un destin de réclusion et de concentration. Certains médias font écho à cette représentation, notamment en mettant en avant le thème de la « conversation », « un rite initiatique » chez les « racisés »[37] : leurs parents, tôt ou tard, devraient les mettre en garde pour leur expliquer comment agir avec les policiers. Ce serait même une condition de survie dans la société blanche. Le système social s'organiserait autour de la persécution des populations issues de l'immigration. Au Canada en juin 2020, plusieurs manifestants hurlaient leur exaspération de se faire « tuer » régulièrement dans les rues des grandes villes du pays. « Dans le système capitaliste, écrira Nathalie Batraville, protéger et servir les Blancs et leur propriété requiert la violence. Le rôle de la police est donc précisément de dévaluer, de harceler et de mettre en cage les Noirs et les Autochtones, voire d'interrompre prématurément leur vie[38]. » Attribuant une fonction messianique aux minorités, elle ajoutait même que, « depuis des siècles, les Autochtones et les Noirs se tiennent prêts à guider nos communautés vers un point où nous pourrons contempler ce qui existe au-delà de la suprématie blanche ». La chanteuse française Camélia Jordana avait affirmé avoir peur de la police à cause de ses origines tout en expliquant qu'il y avait « des hommes et des femmes qui se font massacrer quotidiennement, en France, tous les jours, pour nulle autre raison que leur couleur de peau[39] ». La police serait une force d'occupation intérieure ayant historiquement pour fonction de dominer les catégories populaires, qui œuvrerait aujourd'hui à la relégation territoriale des populations issues de l'immigration en institutionnalisant un système de persécution raciale : ainsi s'expliqueraient exclusivement les difficultés de certaines communautés avec les forces de l'ordre. En France, la mouvance décoloniale fera l'amalgame entre l'affaire George Floyd et l'affaire Adama Traoré, dont elle interprétera le décès à partir de la même grille d'analyse, afin d'en faire une victime emblématique. « Il ne faudrait pas, écrit ainsi Geoffroy de Lagasnerie, thématiser où la police tue un jeune comme un échec, un dysfonctionnement, mais comme un accomplissement de la logique à l'œuvre dans le monde social. On pourrait presque dire, lorsque cela arrive : école, police, Etat : mission accomplie[40]. » Plus encore, « le contrôle policier et la violence policière constituent l'un des rouages de cet ensemble qui a toutes les apparences d'un dispositif de persécution et d'élimination ». La société française serait organisée consciemment de manière concentrationnaire : « Tout est organisé pour que les garçons des quartiers populaires basculent, pour que, petit à petit, ils sortent du système scolaire et entrent dans le système pénal, et que leurs vies se déroulent hors de l'école, entre les mains des policiers, des juges et des surveillants de prison. » Assa Traoré, présentée par les grands médias à la manière d'une Jeanne d'Arc des quartiers, au point même que le *Time* en fera sa figure iconique de l'année 2020, l'affirme : son frère serait mort « parce qu'il était noir ». La logique de l'esclavagisme serait à l'œuvre en France. « Quand je dis que les jeunes de nos quartiers ne participent pas à la construction de la France, si, en fait, ils y participent. Mais ils y participent pour satisfaire les autres… Leur vie, c'est comme un rôle pour les autres, pour faire fonctionner une société qui ne veut pas d'eux, qui ne fonctionne pas pour eux. Ils ne peuvent pas participer à la construction de leur propre vie, mais ils participent à la construction de ce système, de votre système à vous. C'est comme des existences purement négatives. Le système, c'est comme un moulin. Il faut le faire tourner. Leurs vies, ce n'est pas grave, on s'en fout. Par contre, pour faire tourner la machine, pour faire fonctionner le système de l'Etat, de la société, justifier le travail de la police, justifier le travail des juges, justifier le travail du procureur, justifier la prison, on va leur donner un rôle. Et leur rôle, moi je dis que c'est celui de coupables idéaux. » Elle osera même décrire ses frères comme des « prisonniers politiques ». Maboula Soumahoro écrira quant à elle à propos des jeunes des quartiers que pour « ceux qui portent trop grande atteinte à la sûreté de l'Etat, la peine de mort est presque automatiquement prononcée en dehors de tout tribunal[41] ».

La haine de la police serait un humanisme. On en appelle donc au définancement, au désarmement voire à une abolition des services policiers qui permettrait d'engager la construction d'une société véritablement inclusive et antiraciste. Le

transfert massif des fonds publics vers les services
sociaux permettrait à terme d'abolir les conditions
sociologiques de la criminalité, comme si cette dernière ne témoignait pas de la présence du problème
du mal dans le cœur de l'homme, mais exclusivement d'une organisation déficiente de la société.
Le socialisme utopique toujours renaît. *Defund
the Police !* Le graffiti s'est répandu partout dans
les métropoles nord-américaines à la manière d'un
cri de ralliement révolutionnaire. Aux sceptiques
et dubitatifs, qui voyaient dans cette formule une
exagération, ou une proposition contre-productive,
comme le suggérera Barack Obama[42], les militants
BLM répondent explicitement : « Oui, nous entendons bien abolir la police[43]. » La Coalition pour le
définancement de la police de Montréal sera très
claire : « Considérant la culture coloniale de la
police et son rôle dans la contrainte et la restriction
des personnes autochtones sur leurs territoires non
cédés, il est clair que le problème n'est pas que "le
système ne fonctionne pas", mais plutôt qu'il a été
construit pour opprimer les groupes qui continuent
de souffrir à la main de la brutalité policière. Il est
maintenant nécessaire d'analyser en profondeur et
de déconstruire les systèmes sur lesquels nous nous
fiions pour protéger la vie et les biens des citoyens
et maintenir la paix et la sécurité publiques[44]. »
Le désarmement des forces policières est même
devenu, en France, une exigence de pacifica-
tion des rapports sociaux, comme le soutiendrait
Jean-Luc Mélenchon[45], peut-être dans l'espoir de

fidéliser durablement la « jeunesse des quartiers » sous la bannière de la France insoumise, sans deviner que quelques semaines plus tard, à Dijon, des bandes armées algériennes et tchétchènes allaient s'affronter, avant de se réconcilier sous l'autorité de la mosquée, montrant comment, toujours, l'autorité s'exerce, qu'il s'agisse de celle de l'Etat ou de forces prétendant s'y substituer. Il n'était pas interdit de voir dans ce déplacement de l'autorité non pas un arrangement pratique mais un geste de souveraineté témoignant d'une mutation identitaire de la France. A Minneapolis, la ville à l'origine du tremblement de terre, le maire, un charmant progressiste habitué à se sentir du bon côté de l'Histoire, s'est finalement retrouvé devant une estrade où s'imposait un tribunal populaire exigeant de lui qu'il abolisse les services policiers de la ville[46]. De manière un peu piteuse, il a cherché à obtenir la pitié du tribunal tout en répondant qu'il s'opposait à cette abolition. Il fut chassé des lieux sous les huées. *Shame ! Shame !* La scène, immortalisée sur les réseaux sociaux, donnait une image assez saisissante de ce que peut devenir un tribunal populaire, à la manière d'une foule résolue à humilier celui qui ne se soumet pas à ses désirs, et redonnant vie, alors qu'on la croyait disparue, à la figure antique de l'ochlocratie. La révolution, quoi qu'on en dise, ne tolère pas qu'on ne s'y soumette pas.

Chapitre 2

La fragilité woke et la nuit du privilège blanc

I'm sorry I was born white and privileged.
It disgusts me. And I feel so much shame.

Rosanna Arquette, Twitter, 7 août 2019

Justin Trudeau, Premier ministre du Canada depuis 2015, est un comédien engagé en politique. Sur commande, il pleure, se déguise, danse, roucoule, fait le pitre. Certain d'appartenir au camp du Bien, il incarne parfaitement l'esprit du temps et s'imagine faire l'Histoire à coups de selfies et de déguisements. Politicien léché comme une photo d'instagrameur, il sait prendre la pose attendue par l'époque. Et c'est encore ce qu'il a fait lorsque, au plus fort des manifestations de BLM, le 5 juin 2020, à Ottawa, il a fait le choix de rejoindre les manifestants devant le Parlement canadien et de s'agenouiller devant eux, comme s'il voulait jouer le rôle de *woke en chef* de la politique occidentale. Le Premier ministre canadien se pliait alors à un rituel, marquant sa soumission à l'antiracisme révolutionnaire jusque dans un symbole qui n'avait rien de banal, les « Blancs », à ce moment, participant par dizaines de milliers à de grandes processions religieuses dans une sorte de transe collective, en demandant pardon pour les crimes de leurs ancêtres et le racisme supposément structurel du monde occidental. Il n'était pas permis de ne pas y participer. Il s'agissait d'un rite par lequel on espérait renaître en se faisant pardonner ses péchés et son privilège blanc, qu'on jurait de critiquer inlassablement, pour *tuer le vieil homme blanc en soi*. D'autres, pour pousser plus loin la repentance, se proposaient de laver les pieds de leurs concitoyens noirs. Il s'agissait de s'admirer en plein acte de contrition. L'expiation est un processus sans fin : il faut damner le Blanc qui a damné le monde. L'homme blanc doit s'immoler symboliquement en se soumettant à un tribunal populaire improvisé. C'est en transe qu'il demande pardon, et dans la pose du pénitent qu'il réclame son humiliation. « *Abolish whiteness* », proclamait la pancarte d'un manifestant blanc. Dans les milieux mondains, la *whiteguilt* était à la mode. C'est en se maudissant comme Blanc que l'homme blanc pourrait se délivrer un peu de sa blanchité, condition impérieuse à la construction d'un monde antiraciste.

Un étrange commandement émerge du régime diversitaire, et est maintenant radicalisé par l'anti-

racisme révolutionnaire qui le formule explicitement : il faudrait en finir symboliquement avec le
Blanc. Dans certaines situations, sa vocation est de
s'inférioriser formellement en programmant insti-
tutionnellement son effacement. Cette obsession
était même à l'origine du scandale d'Evergreen,
au printemps 2017, qui a fait le tour du monde et
alerté l'opinion américaine sur l'émergence de la
gauche woke et son emprise sur les milieux universitaires, au point même d'amener le Congrès
américain à s'intéresser à ce phénomène. Comment
la foule lyncheuse pouvait-elle ainsi resurgir dans
une démocratie que l'on croyait apaisée, dans un
lieu que l'on croyait voué au savoir et valorisant
plus que tout la curiosité intellectuelle ? Depuis
quelques années, il était d'usage d'accepter une
Journée d'absence, mais sa signification s'est inversée. Alors qu'elle demandait aux étudiants « racisés » de s'absenter pour que tous mesurent le prix
de leur absence, il était désormais demandé aux
Blancs de ne pas se présenter sur le campus une
journée, par marque de respect envers les « racisés »
et afin de leur offrir un environnement décolonisé.
C'est parce qu'il avait refusé de se soumettre à ce
rituel que le professeur de biologie Bret Weinstein
fut accusé de prôner la « suprématie blanche ».
Une forme de tribunal woke fut mise en place pour
dénoncer l'administration universitaire et en faire
le procès : elle aurait toléré et même encouragé
sur le campus un climat raciste et sexiste dont la
dénonciation serait désormais impérieuse.

La fragilité mentale du woke

Cet état d'esprit, qui se veut celui de l'autocritique raciale permanente, est intimement lié à la mentalité woke, qui passait il y a quelque temps encore pour exotique. Elle est depuis devenue hégémonique. Au cours des dernières années, des auteurs comme Douglas Murray, Rob Dreher, Bret Easton Ellis et Caroline Fourest ont cherché à comprendre les ressorts psychologiques de cette « génération offensée » qui réinjecte le poison du fanatisme dans la vie politique[1]. Qui sont les wokes ? Radio-Canada en donne une définition fondamentalement positive : « Expression anglaise. Signifie littéralement "réveillé". Dans un contexte de combat en matière de justice sociale, cette expression définit quelqu'un qui est alerte aux injustices qui peuvent avoir lieu autour de lui. On utilise souvent cette expression en opposition à "être endormi", soit ne pas être éduqué sur les enjeux socio-économiques et sur les questions raciales[2]. » Judith Lussier en propose plutôt la définition suivante : « qui a connu un éveil de conscience au sujet des enjeux sociaux et qui est capable de reconnaître le racisme, le sexisme, la transphobie et toutes les autres formes de haine en chaque situation[3] ». Il y aurait donc d'un côté les éveillés, et de l'autre les endormis. On pourrait aussi définir le wokisme comme une forme d'hypersensibilité revendiquée aux minorités qui s'engageraient sur le chemin de l'émancipation et à leurs revendications à travers leur mise en procès de l'homme blanc. Il s'agit, au sens propre, d'une culture de l'éveil pour inciter la nouvelle génération blanche à prendre conscience de ses privilèges pour mieux les déconstruire : le woke est celui qui a compris l'horreur du monde occidental, qui a connu la Révélation diversitaire et qui, pour cela, ne peut plus le regarder de la même manière[4]. Le wokisme devient un critère pour distinguer ceux qui appartiennent à la nouvelle humanité et les rebuts de l'ancienne : elle réactive par là la figure de *l'homme nouveau*, qui cherche à renaître en se purifiant de ses préjugés, tout en légitimant une intransigeance nouvelle : dès lors qu'on prend conscience des structures qui étoufferaient les minorités, il deviendrait impossible de ne pas se vouloir l'allié de celles-ci. Le « Blanc privilégié » devrait se poser de sérieuses questions : « Est-ce que je suis privilégié ? Si oui, quels sont les facteurs qui ont contribué à ce que je le sois ? A quoi ça tient, un privilège ? Comment est-ce que j'utilise cet avantage pour aider ceux qui en ont moins ? Ce sont des questions importantes à se poser à une époque où le racisme et les tensions raciales divisent plus que jamais. Pour les Blancs en particulier, s'interroger ainsi sous-tend toutefois de fragiliser des croyances profondément ancrées. Sommes-nous prêts[5] ? » Telles sont les questions que la radiotélévision publique canadienne pousse ses auditeurs à se poser. Comment devenir woke ? demandent les grandes entreprises, qui embauchent à prix d'or les conférenciers les plus véhéments pour leur faire la leçon. Les grandes corporations[6], les médias, les grands journaux du néolibéralisme mondialisé ou les magazines féminins empruntent désormais au wokisme son vocabulaire et ses concepts.

Racisme systémique, suprématie blanche, privilège blanc, fluidité identitaire : c'est à partir de ces concepts que la génération woke construit son expérience du monde et apprend à se représenter les rapports sociaux, voire jusqu'aux rapports amoureux. Ils en viennent à définir son identité intime et sa structure psychologique, sous le signe d'une vigilance idéologique permanente. Tout régime, quel qu'il soit, tend à configurer psychiquement, sur le long terme, la population qui évolue dans ses paramètres. Il modèle un type de personnalité, à partir de sa conception de l'identité humaine. Le régime diversitaire pousse ainsi d'importants segments de la population à se définir dans un imaginaire et une psychologie victimaires. Le woke est l'*Homo sovieticus* du régime diversitaire. On n'en sera pas exagérément surpris, dans la mesure où le combat mené dès les premières années de scolarisation pour imposer le modèle de la fluidité identitaire contribue à la déstructuration anthropologique des jeunes générations, qui sont amenées à remettre en question les repères naturels et culturels les plus élémentaires. La génération offensée fut d'abord une génération cobaye dans une société qui a voulu interrompre la transmission culturelle, puisque le patrimoine historique occidental fut jugé fondamentalement toxique, et qui assimilait l'émancipation individuelle à la désaffiliation civilisationnelle. C'est en se présentant comme la victime d'un système discriminatoire à petite ou grande échelle, et en liant sa situation à celle d'autres discriminés supposés dans le cadre de la théorie de l'intersectionnalité, associée à Kimberlé Crenshaw, qu'on accède à l'espace public et devient porteur de droits ou, du moins, de doléances légitimes que l'on adresse aux institutions associées d'une manière ou d'une autre au monde d'hier. A tout le moins, c'est ainsi qu'on rejoint une dynamique militante médiatiquement favorisée et qu'on se laisse porter par ce que l'on croit être le sens de l'Histoire. Le monde occidental, fondamentalement hostile aux minorités, vivrait « sous le régime de la domination masculine », livré à « cette guerre ordinaire, cette guerre de tous les jours qui est la guerre que les hommes font aux femmes et à tous ceux et celles qui ne correspondent pas à ce qu'est "un homme" », pour emprunter les termes de la militante féministe Martine Delvaux[7]. Au cœur de cette psychologie nouvelle se trouve le concept de micro-agression : toutes les normes sociales sont potentiellement offensantes ou discriminatoires dans la mesure où elles peuvent contraindre la représentation qu'un individu se fait de son identité, surtout s'il appartient, objectivement ou subjectivement, à une communauté minoritaire – le *mégenrage* d'un individu, qui consiste à l'interpeller à partir d'un autre genre que celui auquel il s'identifie, devenant ici une figure paradigmatique de la micro-agression. Il existerait au cœur de l'ordre social un « code » à briser pour permettre à chacun de déployer pleinement son authenticité. La question se pose particulièrement pour les populations issues de l'immigration, mais pas exclusivement : toutes les minorités sont appelées potentiellement à se redéfinir dans cette matrice. Le « racisé », pour survivre dans la société où il s'est installé, à moins qu'il ne s'agisse de la société où ses parents ont cherché à prendre racine, doit plus largement se soumettre à un « code », ce qu'il ressentira comme une infinie violence[8]. Le fait de devoir respecter les codes de la société d'accueil pour s'y faire accepter serait une violence symbolique grave, à l'origine d'une terrible exclusion. Même les codes élémentaires de la politesse seraient fondamentalement discriminatoires et peuvent mériter à celui qui les respecte une poursuite. Ainsi, le simple fait d'interroger un homme sur l'origine de son prénom peut valoir condamnation en justice[9], si la question est posée lors d'un entretien d'embauche – la politesse masquerait ici un comportement discriminatoire, une volonté perverse de ramener un individu à ses origines en lui signifiant qu'il serait à jamais exclu de la communauté nationale[10]. Les micro-agressions trouvent leur origine dans l'expression de la culture « majoritaire » insensible à la condition particulière des identités minoritaires et de la diversité – on pourrait aussi y voir le signe d'une fragilisation de la subjectivité qui ne parvient plus à se construire à partir d'assises culturelles solides et qui bascule dans une obsession de l'authenticité, au point même de se reconnaître dans la mystique de l'auto-engendrement portée par la théorie du genre qui a prétendu artificialiser intégralement l'identité humaine. La fragilité mentale du woke est même revendiquée : il se sent porter le poids du monde sur les épaules et racontera sans gêne comment il s'est écroulé psychologiquement en prenant conscience de ses injustices[11]. De ce point de vue, le wokisme peut être vu comme un fanatisme compensatoire pour structurer une identité qui, sans cela, s'effacerait dans l'indéterminé.

Toujours, en toutes circonstances, le woke se sent agressé. Le monde lui est insupportable : il est plein de catégories et de cadres culturels qu'il juge oppressants, et dont il dit vouloir se délivrer. Cette hypersensibilité est indissociable des réseaux sociaux qui transforment les conditions de formation de la subjectivité. La psychologie de la génération woke est structurée par sa surexposition au regard social qui la pousse à pratiquer l'exhibitionnisme vertueux et la surenchère moralisatrice. Happé, comme d'autres, par un univers virtuel qui le contraint à l'exposition permanente de son existence sur le mode du signalement vertueux, le woke se croit obligé d'envoyer en toutes circonstances des signes ostentatoires de fidélité au régime diversitaire et plus particulièrement à son avant-garde : il faut suivre le rythme fixé par les minorités militantes, même lorsqu'elles sont groupusculaires. Quand vient une vague d'enthousiasme collectif, il se sent obligé d'y participer. Toujours il est surveillé, toujours il doit se surveiller : on l'a convaincu qu'il a été intégralement formaté par une culture raciste, sexiste et transphobe dont il doit se libérer. Se crée, dans les circonstances, une obligation d'indignation publique – la révolution permanente prendrait la forme de l'indignation permanente. La société occidentale serait un environnement fondamentalement anxiogène pour les différentes communautés minoritaires, appelées, pour survivre, à créer un système de protection généralisé, limitant les interactions avec la majorité dominante, ce qui pousse ainsi à la multiplication des « *safe space*s » dans l'université ou ailleurs – plus encore, il faudrait *rééduquer* la majorité. Les minorités seraient à ce point traumatisées par leur expérience d'une société « blanche » colonialiste et impérialiste qu'elles devraient désormais policer le langage pour bannir les mots et les images leur rappelant leurs expériences passées. S'impose dans la définition des rapports sociaux le primat du ressenti : si le membre d'une minorité se juge victime de discrimination ou de racisme, il faut admettre son récit et son ressenti et ne jamais le contredire : celui qui se dit victime de l'ordre *blantriarcal* disposerait d'un privilège épistémologique dans sa description de la société. Du point de vue de l'histoire du progressisme, il représente le nouveau visage du sujet révolutionnaire.

C'est à l'université que se déploie avec la plus grande violence psychologique et physique la gauche woke. Dans un nombre croissant d'institutions universitaires, l'adhésion à l'orthodoxie est une condition officielle d'embauche et dans certaines, comme la prestigieuse UCLA, les étudiants sont invités en première année à se faire tester pour dépister leurs préjugés – dans l'université nord-américaine, la bureaucratie diversitaire, censée promouvoir l'inclusion dans l'institution, joue ainsi un rôle de plus en plus grand[12]. Il n'est plus rare d'entendre des plaidoyers pour l'intégration dans le cursus obligatoire de cours idéologiques censés témoigner de la perspective des minorités sur le monde occidental, au nom de la décolonisation des savoirs[13], qui peut aussi toucher, de manière étonnante, les départements de physique et de mathématique[14]. L'université ne constitue plus seulement un champ de bataille institutionnel et intellectuel mais aussi physique. La lutte wokiste contre le suprémacisme blanc et l'ordre hétérosexiste binaire autorise la violence politique. D'Evergreen à Lille en passant par l'UQAM et Middlebury, les scènes où des étudiants fanatisés se sont mobilisés pour empêcher la tenue d'une conférence dont le propos était jugé à l'avance insultant sinon violent envers les minorités se sont multipliées en quelques années au point de se banaliser. Il n'est plus rare de voir des étudiants militants harceler des professeurs accusés d'aborder des sujets jugés sensibles ou offensants, et ces derniers sont à tout le moins invités, en classe, à annoncer qu'ils les aborderont, en leur accordant le droit de s'en détourner, ou de s'épargner les lectures au programme, qui relèveraient de la violence psychologique[15]. Il s'agit de faire des campus des zones libérées, où les discours participant à la reproduction de l'ordre patriarcal, colonialiste, sexiste et cisgenre ne soient plus tolérés. Les groupes discriminés sont censés y trouver un espace privilégié pour exprimer leur subjectivité et s'affranchir des codes de la société dominante. La doctrine officielle étant revendiquée par certaines équipes dirigeantes, la normalisation et la légitimation administrative de cette hypersensibilité agressive accordent aux étudiants wokes le droit de se comporter en gardes rouges de la révolution diversitaire[16]. Les autorités universitaires cèdent régulièrement devant les mouvements de contestation en appelant certains conférenciers à s'autocensurer, voire en refusant de les accueillir sous prétexte qu'il serait impossible de garantir leur sécurité, ce qui est une manière de céder aux milices wokes résolues à perturber leur intervention, et même à l'empêcher. Comme on le voit notamment à l'université de Montréal, les autorités universitaires en viennent même à mettre en place des politiques visant à encadrer la liberté d'expression en soutenant qu'il « convient de se pencher sur l'équilibre à respecter dans le cadre des activités organisées sur le campus entre la liberté d'expression des organisateurs et, le cas échéant, celle des conférenciers invités et l'importance de prendre en compte les sensibilités de certains groupes porteurs de diversités qui ont vécu et vivent encore souvent de l'exclusion et de l'oppression[17] ». Il faut donc « équilibrer » la liberté d'expression des intellectuels invités sur les campus avec la susceptibilité de ces groupes militants prétendant disposer du droit de ne pas être offensé, c'est-à-dire de ne pas entendre un autre propos que celui qu'ils veulent entendre.

Récits de conversions : la nuit du privilège blanc, ou comment devenir un allié des « racisés »

Tout régime idéocratique et révolutionnaire s'installe en institutionnalisant un rituel de ralliement ou de conversion. Il exige des prières rituelles : qui les prononce y trouvera sa place, qui s'y refuse sera considéré comme une menace. On guettera les discrets pour les punir. Le silence serait une marque de dissidence, comme le dira Yannick Noah, en dénonçant ses anciens collègues « sportifs blancs[18] ». Selon la formule de Layla F. Saad, l'auteure de *Me and White Supremacy*[19], qui s'est rapidement diffusée : « *White silence is violence.* » Nous passons des propos proscrits aux propos obligatoires : on retrouve ici Elie Halévy, qui voyait dans « l'organisation de l'enthousiasme » une marque distinctive du totalitarisme[20] et George Orwell qui mettait en scène dans *1984* les Deux Minutes de la Haine contre l'ennemi du régime. Certaines scènes sont ubuesques. A l'été 2020,

Patricia Simon, professeure dans un collège de New York soupçonnée de dormir pendant une rencontre de travail sur Zoom consacrée à l'antiracisme, fut la cible d'une pétition signée par près de deux mille personnes réclamant son licenciement[21]. Le somnoleur est un dissident qui s'ignore, un traître ronfleur à punir.

L'heure est à la repentance théâtrale et à la confession publique de ses « privilèges ». La vie publique est ainsi rythmée par les récits de conversion antiraciste où des personnalités connues, aussi bien que des anonymes, racontent comment elles ont vu la lumière, rappelant leurs premières réticences devant l'idéologie diversitaire, avant leur conversion, inévitablement incomplète, parce qu'on porterait toujours en soi des préjugés résiduels à combattre. Il faut devenir un « allié », se mettre en posture « d'écoute », rappeler à quel point on baignait dans le racisme et combien il a été nécessaire de s'éveiller à une réalité trop longtemps étouffée pour enfin accéder à la dignité de la conscience diversitaire. On l'a vu au Québec lors de la fête nationale, en 2020, que ses animateurs voulurent convertir à la révolution woke. La chanteuse Ariane Moffatt a ainsi raconté sa conversion : « L'éveil à mes propres biais inconscients est assez récent. Autour du projet *Louve*, dans le cadre des Francofolies [2017], alors qu'on parlait au nom de toutes les femmes, certaines femmes "racisées" ont senti qu'on ne s'adressait pas à elles. J'ai compris que je passais beaucoup de mon énergie à être sur la défensive. Je vois que c'était mon premier déclencheur, pour m'oublier, moi, femme blanche privilégiée, et voir l'ensemble du portrait. » Le journaliste Marc Cassivi ajoutait quant à lui qu'« on ne peut pas se targuer d'être ouvert d'esprit si on refuse de reconnaître qu'on a des préjugés inconscients, qui font en sorte, par exemple, qu'on s'entoure naturellement de gens qui nous ressemblent[22] »… La chanteuse Safia Nolin faisait une confession allant dans le même sens : « J'ai réalisé que je n'étais pas une alliée [de l'anti-racisme] et que mes combats – pour le féminisme, les droits des personnes LGBTQ+ et la diversité corporelle – avaient toujours eu rapport à moi[23]. » Le rappeur Loud ira lui aussi de sa confession : « La liste de mes privilèges est longue et, s'il y en a un que je prends facilement pour acquis, c'est le luxe de ne pas avoir à être woke 24/7[24]. » De telles confessions ne sont plus rares. En France, Virginie Despentes suit le même modèle d'autoaccusation publique en dénonçant son privilège blanc sur le mode grandiloquent. « Je suis blanche. Je sors tous les jours de chez moi sans prendre mes papiers. Les gens comme moi, c'est la carte bleue qu'on remonte chercher quand on l'a oubliée. La ville me dit : tu es ici chez toi. Une Blanche comme moi hors pandémie circule dans cette ville sans même remarquer où sont les policiers. Et je sais que, s'ils sont trois à s'asseoir sur mon dos jusqu'à m'asphyxier – au seul motif que j'ai essayé d'esquiver un contrôle de routine –, on en fera toute une affaire. Je suis née blanche comme d'autres sont nés hommes. Le problème n'est pas de se signaler "mais moi je n'ai jamais tué personne", comme ils disent, "mais moi je ne suis pas un violeur". Car le privilège, c'est avoir le choix d'y penser, ou pas. Je ne peux pas oublier que je suis une femme. Mais je peux oublier que je suis blanche. Ça, c'est être blanche. Y penser, ou ne pas y penser, selon l'humeur. En France, nous ne sommes pas racistes mais je ne connais pas une seule personne noire ou arabe qui ait ce choix[25]. » Ces séances d'autoflagellation des artistes et autres mondains s'accusant d'être de mauvais alliés dans un rituel expiatoire ostentatoire ne sont pas sans évoquer une révolution culturelle où un néomaoïsme prend vie. Il s'agit d'un moment de passage, pour suivre le rythme imposé par la révolution, qui exige un engagement public. Qui s'accuse se soumet ainsi au jugement des militants « racisés » qui décideront qui ils veulent comme alliés et qui ils rejettent, parce que insuffisamment ralliés, encore trop englués dans le monde blanc. Ces processus purificateurs ont pour fonction de sauver l'âme du pécheur blanc en lui permettant de devenir un « meilleur ancêtre » du monde de demain[26].

Mais la confession peut aussi suivre un « dérapage », pour assurer à la personne ayant dérapé une réhabilitation civique et même lui éviter la mort sociale, le dérapage pouvant consister tout simplement, à l'été 2020, à ne pas souscrire au plus fort de la crise aux concepts que la mouvance BLM voulait imposer et à déroger à l'orthodoxie. Le slogan *Black Lives Matter* doit être repris intégralement, sans jamais être nuancé, selon une résolution fleuve adoptée en juin, le Parlement européen « condamn[ant] le suprémacisme blanc sous toutes ses formes, y compris l'utilisation de slogans qui visent à saper ou à affaiblir le mouvement "Black Lives Matter" et à en diluer la portée[27] ». La simple remise en question de la grille d'analyse BLM relevait donc d'une complicité avec le suprémacisme blanc. On l'a aussi vu en juin 2020 au Canada anglais, où, au cœur médiatique du régime, il n'était plus permis de ne pas adhérer à la théorie du racisme systémique, sous peine de se voir expulsé du périmètre de la respectabilité médiatique. Pour avoir contesté publiquement la théorie du racisme systémique appliquée à son pays, le commentateur politique Stockwell Day a perdu en deux jours sa tribune, et a dû de surcroît s'excuser publiquement, à la manière du parfait petit pénitent : « Suite aux commentaires de nombreuses personnes issues des communautés noires et autres, je me rends compte que les propos que j'ai tenus à *Power & Politics* étaient insensibles et blessants. Je demande pardon d'avoir comparé à tort mes expériences aux leurs. Je m'engage à mettre tous les efforts nécessaires pour lutter contre le racisme sous toutes ses formes[28]. » Cette formule est devenue banale dans le monde anglo-saxon et se présente comme un modèle d'humiliation publique sur le mode de l'autoaccusation koestlerienne. On espère recevoir ainsi la bénédiction des minorités, transformées en autorités

morales, pour conserver sa position professionnelle
et sociale et, surtout, pour demeurer dans le camp
du bien, où l'on ne se maintient qu'à condition
de suivre toutes ses évolutions, en embrassant ses
causes et ses interdits, quitte à refouler toujours
davantage ses préférences personnelles intimes, liées
au vieux monde, que l'on traitera comme autant de
déchets en soi, qu'il est nécessaire d'évacuer pour
enfin trouver sa place dans une société purgée du
mal. Le régime diversitaire, en contraignant ceux
qui veulent y évoluer à un écartèlement permanent
entre l'adhésion publique à ses dogmes et la conservation intime de quelques réserves à son endroit,
pousse à une forme de schizophrénie politique, qui
n'est pas sans rappeler la figure du Ketman évoquée
par Czeslaw Milosz dans *La Pensée captive*.

C'est l'animateur de télévision Ben Mulroney, fils
de l'ancien Premier ministre Brian Mulroney, qui
ira toutefois le plus loin dans la pénitence ostentatoire au moment des événements de juin 2020 :
comme sa femme avait été accusée de se montrer
trop discrète dans son appui à BLM et de s'être
mal comportée avec une femme issue des minorités,
il fera le choix de démissionner de son poste en
demandant explicitement à être remplacé par une
personne issue de la diversité. « J'aime ma femme.
Cependant, ce n'est pas à moi de parler pour elle.
Et aujourd'hui, ensemble, nous nous engageons à
en apprendre davantage sur le racisme antinoir et en
comprendre davantage sur nos angles morts. Alors,
qu'est-ce que cela signifie pour moi ? Eh bien, cela

signifie reconnaître ici aujourd'hui que mon privilège m'a grandement profité. Et même si j'ai certainement travaillé dur pour bâtir ma carrière, je sais que le racisme et l'injustice systémiques aident les gens comme moi et font du tort à ceux qui ne sont pas comme moi, souvent d'une manière qui nous est invisible. Cela doit changer. [...] J'espère que ce nouvel animateur sera noir, autochtone ou une personne de couleur et qu'ils pourront utiliser cette importante plate-forme pour inspirer, diriger et apporter des changements. [...] Je suis tellement fier de toutes les personnes impliquées dans "Etalk" et CTV, et je sais qu'elles continueront de faire preuve de l'excellence qui a fait de cette émission et de ce réseau le numéro un[29]. » Pour survivre dans un monde dont il ne désire plus être le centre, cet animateur doit demander son propre remplacement. Il y avait peut-être là une ruse : en s'effaçant, il espérait sans doute rebondir. Mais d'autres personnalités médiatiques nord-américaines « blanches », au plus fort des événements, s'effacèrent aussi de la scène publique en demandant à être remplacées par des figures issues de la diversité, en particulier, de la communauté noire : l'homme blanc doit s'éclipser pour que la diversité puisse enfin éclore ailleurs que dans la périphérie. Alexis Ohanian, le mari de Serena Williams, dira vouloir prouver à sa fille sa volonté de construire un monde meilleur en s'éclipsant. « J'ai démissionné en tant que membre du conseil d'administration de Reddit, je les ai exhortés de combler mon siège avec un candidat noir, et j'utiliserai les gains futurs issus de Reddit pour servir la communauté noire, principalement pour lutter contre la haine raciale. [...] Je crois que la démission peut en fait être un acte de leadership de la part des personnes au pouvoir en ce moment[30]. » C'est en s'accusant de racisme qu'on fait preuve de maturité, à la fois sur le plan individuel et sur le plan collectif, à l'instar de Justin Trudeau au moment des élections fédérales canadiennes de 2019, après qu'on eut découvert que, dans sa jeunesse, il s'était peint le visage en noir pour une soirée déguisée – il était donc accusé de *blackface*. « A cause de l'historique raciste de ce geste, il n'est jamais acceptable de foncer sa peau. J'aurais dû le comprendre à l'époque et je n'aurais jamais dû le faire. » Il en profitait pour confesser ses privilèges : « J'ai appris directement des gens de [ma circonscription] à quel point j'ai toujours bénéficié de privilèges qui voulaient dire que je ne comprenais pas la réalité de gens qui font face à la discrimination quasiment tous les jours[31]. » Il n'a toutefois pas demandé à se faire remplacer par un de ses ministres « racisés ».

Nègres blancs d'Amérique :
la querelle du « n word »*

Toute religion, y compris les religions politiques, met à l'index certains mots interdits, auxquels on prête une charge presque magique : ils peuvent provoquer la colère des dieux. Il suffit, souvent, de savoir qui a le pouvoir de sanctionner celui qui les prononce pour savoir qui exerce, aujourd'hui, le nouveau pouvoir spirituel. La mouvance woke, en tabouisant certains mots, et en en imposant d'autres, façonne ainsi un nouvel imaginaire, un nouveau paysage mental, et confirme sa prétention à l'hégémonie idéologique. Aux Etats-Unis, le mot « nègre » est certainement celui qui est frappé de l'interdit majeur. On connaît sa charge symbolique, intimement liée à l'histoire de la persécution des Noirs américains. Pour y faire référence, il est désormais courant d'utiliser le terme *n* word* – au Québec, on parle du « mot qui commence par la lettre *n* » ou encore, du « mot en n ». Plus étonnant, toutefois est de voir comment il est frappé d'interdit dans d'autres contextes nationaux, qui n'ont rien à voir avec les Etats-Unis et qui ne partagent pas leur histoire – et qui, de ce fait, ne connotent pas le terme de la même manière, comme on l'a constaté avec les écrivains de la négritude. Mais l'américanisation des mentalités s'accélérant, la possibilité dont bénéficie chaque pays d'aborder sa propre histoire et sa propre langue avec ses propres références est compromise. En témoigne le remplacement en France du titre du roman d'Agatha Christie *Dix petits nègres* par *Ils étaient dix*. La règle s'applique aussi au Québec où, à la suite de l'affaire Floyd, il est devenu quasiment interdit de prononcer ce mot même lorsqu'il se retrouve dans le titre d'un ouvrage, comme en témoigne la querelle entourant le livre *Nègres blancs d'Amérique*, un livre de Pierre Vallières paru en 1968 et considéré comme un classique de la littérature politique québécoise. Sous peine de bannissement professionnel, il ne fallait plus prononcer le titre de son essai[32]. A la fin du mois d'octobre 2020, une commission scolaire a annoncé le retrait des bibliothèques scolaires d'un manuel y faisant référence, le temps de le caviarder en apposant un autocollant explicatif sur les passages où il était mentionné[33]. Wendy Mesley, une animatrice à Radio-Canada, a été frappée par de sévères mesures disciplinaires pour avoir cité dans une réunion de travail le titre de l'ouvrage. La simple mention du *n* word* dans la réunion aurait suscité un tel malaise chez ses collègues qu'elle a été suspendue de ses fonctions et a dû s'excuser publiquement de les avoir incommodés. Pour avoir cité ce titre, elle a été dénoncée par une collègue « racisée », l'accusant de verser dans le racisme antinoir et rappelant qu'il était nécessaire d'intégrer des journalistes « BIPOC » dans chaque équipe, pour surveiller les discours des Blancs. « Les journalistes blancs qui pensent qu'il est normal de dire "*n*gger*" (dans n'importe quel contexte) parlent avec une quantité indéniable de privilèges et de pouvoir que les journalistes noirs, autochtones et BIPOC n'auront jamais. Dire "*n*word*" suffit – c'est un terme utilisé par les journalistes du BIPOC, quel que soit le contexte[34]. » Les excuses de Wendy Mesley ayant été jugées insuffisantes, quelques semaines plus tard elle disparaissait de l'antenne. Le même sort a frappé Catherine Russell, une professeure de l'université Concordia, accusée d'avoir utilisé un mot « offensant ». Une étudiante ayant lancé la pétition se voudra intraitable, la professeure ayant causé un traumatisme existentiel à ses étudiants lorsqu'ils entendirent le fameux « mot en N ». Cela a poussé la professeure à s'excuser selon le rituel attendu : « Tout d'abord, je suis profondément désolée de vous avoir bouleversée ainsi que vos camarades de classe. Je dois admettre que je n'étais pas consciente des implications de l'utilisation du mot en N, même dans le contexte d'un travail historique. En tant que professeur blanc, je suis en forte position de privilège et de pouvoir et j'ai clairement besoin de faire mieux pour que tous les élèves se sentent plus respectés dans la salle de classe, et en particulier pour que les élèves des BIPOC se sentent dans un espace sûr. » Le geste de la professeure a été commenté comme une manifestation parmi de nombreuses autres du racisme systémique dominant la vie universitaire. « Il doit y avoir un effort concerté pour refuser toute présentation de l'infraction du professeur Russell comme un incident isolé et ponctuel, car c'est précisément à travers un tel masquage que le racisme systémique opère. » Les signataires de la pétition ont exigé aussi une formation à la diversité obligatoire pour tout le personnel enseignant, ce à quoi l'université s'est pliée, ajoutant publiquement qu'elle allait « prendre ces questions très au sérieux et encourager tous les membres de notre communauté à dénoncer le racisme et à signaler de tels incidents. Il n'y a pas de place pour le racisme à l'université Concordia[35] ».

Le point culminant de cette polémique se rencontrera à l'université d'Ottawa, en octobre 2020, quand la professeure Verushka Lieutenant-Duval sera plongée dans une controverse pour avoir prononcé dans un contexte pédagogique le mot « nègre », en expliquant comment certaines communautés minoritaires, au fil de l'histoire, s'étaient réapproprié des termes dépréciatifs pour inverser le stigmate. Elle fut violemment dénoncée sur les réseaux sociaux et accusée d'avoir créé un incident raciste en classe rien que pour avoir articulé ce mot, puis dénoncée par le rectorat de l'université, qui voulut voir dans l'événement un scandale à grande échelle. « Notre université a vécu depuis plus d'une année et demie des incidents racistes ou à caractère raciste. Nous avons tenu plusieurs assemblées publiques où des conversations difficiles ont eu lieu sur les différentes manifestations du racisme à l'université. Nous sommes, comme bien d'autres universités, en train de prendre conscience des diverses manifestations de ce racisme systémique, bien ancrées dans nos façons de faire, et nous avons pris l'engagement de travailler à remédier à la situation. Parmi les problèmes dénoncés, on trouve les agressions et micro-agressions dont sont régulièrement victimes des membres noirs ou "racisés" de notre communauté. Ce qui peut sembler banal pour un membre de la communauté majoritaire peut être perçu par plusieurs membres de la minorité comme étant profondément offensant. Les membres des groupes dominants n'ont tout simplement pas la légitimité pour décider ce qui constitue une micro-agression[36]. » Le débat, transposé dans l'espace public canadien, a révélé une divergence fondamentale entre les anglophones et les francophones, les premiers se reconnaissant dans la décision du rectorat, les seconds se portant globalement à la défense de la liberté académique et, plus largement, de la liberté d'expression, comme on le verra aussi au moment de la crise des caricatures de *Charlie* en octobre de la même année. Toutefois, le côté anglophone l'emportera : Justin Trudeau, notamment, verra dans l'affaire d'Ottawa un symptôme parmi d'autres du racisme antinoir qui gangrènerait la société canadienne et qui exigerait d'aller encore plus loin dans la lutte contre les stéréotypes et les préjugés. Elle-même d'esprit woke, mais ayant pris du retard sur une révolution allant plus vite qu'elle et n'ayant pas compris que le contexte culturel québécois n'est pas le contexte culturel canadien, Verushka Lieutenant-Duval a multiplié les excuses publiques à ses agresseurs et insulteurs. Elle voulait être claire : si on lui avait dit que le simple fait de prononcer ce mot heurtait la sensibilité des uns ou des autres, elle ne l'aurait pas fait. Elle a ensuite retiré de son corpus certains livres s'en servant. Elle réclamera par ailleurs du commissariat à l'inclusion et la diversité de l'université d'Ottawa qu'il établisse une liste des

mots proscrits pour mieux pratiquer une pédagogie inclusive et le commissariat lui fit alors savoir
que le mot « Indien » notamment, le *I* word*, était
désormais jugé litigieux, et que mieux valait ne plus
l'employer. Dans le même esprit, pendant un cours
de littérature québécoise à l'université McGill, une
professeure fit le choix, à la lecture d'un livre contenant le mot « nègre », d'omettre de le prononcer
chaque fois qu'il apparaissait, pour éviter d'infliger
une violence raciste verbale à ses étudiants, l'administration universitaire tenant compte pour sa part
des revendications étudiantes en acceptant que les
pages avec le mot litigieux ne soient plus à l'étude,
et même que les livres le comportant soient retirés
du programme. La révolution s'installe en multipliant les exemples contre ceux qui s'y opposent,
ou qui oublient de se soumettre à ses codes. Elle
n'hésite pas à punir les réfractaires ou les insou-
ciants. Le nombre croissant de minorités offensées
étant dans la logique même du régime diversitaire,
la crise universitaire a révélé que la simple pronon-
ciation des mots « homme » et « femme » pouvait
même heurter les étudiants *queer*s, qui se sentaient
exclus de la classe par l'adhésion inconsciente du
professeur au système binaire hétéropatriarcal[37].
Pour les wokes, c'est l'existence même du monde
qui devient un scandale.

Chapitre 3

C'est trop blanc ! Repères sociologiques pour comprendre la nouvelle question raciale

Treason to whiteness is loyalty to humanity.

Noel Ignatiev

Au début des années 2000, l'humoriste Michel Mpambara, originaire du Rwanda, lançait dans son pays d'adoption son premier spectacle, qui avait pour titre : *Y a trop de blanc au Québec.* Chaque fois, il suscitait l'hilarité des spectateurs, amusés par cet homme venu d'ailleurs qui posait un regard caustique sur sa terre d'accueil. Nul n'aurait imaginé, à ce moment, que l'humoriste puisse dire cela sérieusement, et d'ailleurs, ce n'était pas le cas. Un quart de siècle plus tard, on utilise les mêmes mots, mais désormais sans rire. C'est sur un ton inquisiteur qu'on répète la même formule dans le cadre d'un grand exercice se réclamant de la lucidité collective pour dénoncer la suprématie blanche au Québec. Ainsi, il n'est pas rare de voir des reportages des médias publics s'inquiéter du caractère « trop blanc » de la fonction publique, du monde des affaires ou du milieu du spectacle – le rap québécois serait lui aussi trop blanc, ainsi que l'univers des célébrités. Même la littérature pour enfants serait apparemment trop blanche. Le journal *La Presse* affirmera : « La littérature jeunesse québécoise met en scène des héros presque tous blancs, qui s'appellent plus souvent Tremblay et Gagnon que Wong ou Khan[1]. » Il n'était apparemment pas venu à l'esprit du quotidien qu'il est encore bien plus courant, au Québec, de s'appeler Tremblay que Wong et Gagnon que Khan. Cette dénonciation ritualisée n'est évidemment pas exclusive au Québec. Le journaliste occidental se transforme en adepte de la comptabilité raciale et multiplie ainsi les enquêtes pour voir où en sont les institutions censées s'adapter aux exigences nouvelles de la diversité et quels efforts elles déploient pour se déblanchir. La traque à la société trop blanche est à la mode. Ainsi, en France début 2020, on a pu entendre dire à Aïssa Maïga, au moment de la cérémonie des Oscars : « C'est plus fort que moi, je ne peux pas m'empêcher de compter le nombre de Noirs dans la salle. » Il s'agissait, sur le mode insolent, de faire le procès d'une salle trop blanche en réinventant le délit de faciès. « Salut les Blancs », avait quant à lui lancé l'humoriste Fary à la 31e cérémonie des Molières[2] avant d'ajouter :

« Il faut que quelqu'un leur dise… Euh… C'est trop blanc. » Ces remarques, déjà fréquentes des deux côtés de l'Atlantique depuis plusieurs années, se sont multipliées, comme on l'a vu d'ailleurs en Ecosse le 18 août 2020 lorsque le ministre Humza Yousaf a fait la liste de plusieurs figures en position d'autorité en les définissant par leur couleur de peau, pour en conclure que son pays était trop blanc et avait un problème de « racisme structurel ». Comme d'autres, il considère que le pays dans lequel ses parents se sont installés est trop blanc, et entend en finir avec cette injustice structurelle[3].

Un regard rapide sur les thèmes privilégiés par la presse confirme la dominance de cette approche. La gendarmerie, la police, les sciences de la terre, la médecine, les mathématiques, la mode, l'univers du spectacle vivant, l'Opéra, l'univers de la musique classique… seraient trop blancs. On ne se demande plus, en se rendant à un concert, si l'orchestre jouera bien mais à quoi il ressemblera[4]. Il n'est donc plus rare, au-delà des frontières américaines, de voir des inspecteurs mandatés par le régime diversitaire tenir une comptabilité raciale stricte des organisations publiques et privées, pour en arriver à la conclusion attendue que les Blancs y sont encore trop présents et que la diversité peine à s'y faire une place. « Diversité » étant le terme codé pour dire que les Blancs sont trop nombreux dans des sociétés historiquement « blanches », même si elles ne se représentaient pas dans ces termes. Dans le monde occidental du début des années 2020, on peut donc, très ouvertement, reprocher à quelqu'un la couleur de sa peau au nom de l'antiracisme.

Redéfinir le racisme : la théorie du racisme systémique

On pourrait le dire en paraphrasant Marx : un spectre hante les sociétés occidentales, celui du racialisme. Ou La Fontaine : elles n'en mouraient pas toutes, mais toutes en étaient atteintes. Alors qu'il y a peu encore, le prisme racial était jugé moralement condamnable et scientifiquement irrecevable, il revient fardé d'une légitimité nouvelle, dans le langage de la sociologie. On peut remonter aux années 1980, lorsque s'est développée dans l'université américaine une critique de plus en plus vive des *dead white males*. La décolonisation des savoirs devait entraîner la multiplication des champs d'étude censés marquer une révolution épistémologique assurant aux dominés une pleine maîtrise sur la mise en récit de leur expérience. Le processus s'est poursuivi, il représente aujourd'hui l'essentiel du savoir universitaire engendré par les sciences sociales, et ne semble pas près de s'arrêter – dans plusieurs universités, on travaille à intégrer dans la formation obligatoire des cours professant explicitement l'idéologie décoloniale[5]. L'impensé racial des sociétés occidentales remonterait à la surface, comme s'il n'était plus possible de le refouler sérieusement. Tel est le point de départ du nouvel antiracisme qui prétend paradoxalement déracialiser intégralement la société occidentale en exacerbant parmi ses différentes composantes la conscience raciale. Le nouvel antiracisme considère que, pour mieux en finir avec le privilège blanc invisible et non assumé par les sociétés occidentales, rien n'importe davantage que son dévoilement et juge que l'abolition du système raciste passe par l'éradication de la blanchité occidentale.

Cette croisade présuppose une définition claire de l'objet de cette lutte, ce dont convient Robin DiAngelo, qui considère que l'essentiel de son combat idéologique et politique consiste à modifier la définition admise du racisme dans l'espace public. « Le défi ultime qu'il nous faut relever, c'est l'examen de notre définition du mot racisme[6]. » Dans la mesure où les sociétés occidentales voient dans le racisme le péché suprême, celui qui en énonce la définition acquiert une forme d'hégémonie idéologique dans l'organisation de la cité et la formation de son imaginaire. C'est en s'appropriant des termes fortement connotés et chargés et en en modifiant le sens qu'il devient possible d'exercer un tel pouvoir sur la conscience collective. La proposition centrale du nouvel antiracisme consiste à ne plus décrire le racisme comme une idéologie ou un comportement poussant à discriminer les individus sur une base raciale ou ethnique, mais comme une structure sociale insaisissable et partout présente qu'il faudrait dévoiler, ainsi que se propose de le faire la *critical race theory*. La reconnaissance du concept de racisme systémique est jugée essentielle pour permettre aux sociétés occidentales de s'engager dans son démantèlement. On trouve un bon exemple de cette reconnaissance sur le mode obligatoire par Radio-Canada. « Nous reconnaissons que le racisme systémique existe au Canada et dans un grand nombre de ses institutions, y compris au sein du diffuseur public. Nous sommes résolus à lutter contre le racisme sous toutes ses formes, et à éliminer les obstacles et les pratiques de nature structurelle qui engendrent de la discrimination à CBC/Radio-Canada, ainsi qu'à améliorer notre culture d'entreprise de façon concrète et tangible. Nous savons que ces enjeux ne sont pas nouveaux. Nous entendons ces préoccupations depuis longtemps et nos réponses n'ont pas été assez rapides. Nous allons donc aborder les choses différemment et intensifier la transformation de notre organisation afin que nous soyons vraiment inclusifs et représentatifs du Canada d'aujourd'hui[7]. » Le racisme systémique aurait cette spécificité d'être généralisé sans être intentionnel, et se laisserait repérer moins par les intentions des acteurs sociaux que par les inégalités résultant de leurs interactions. Il ne concernerait plus d'abord les individus : une telle approche serait déphasée, datée d'un autre siècle, et nous enfermerait dans une définition trop étroite du phénomène, permettant aux sociétés qui le pratiquent de se dédouaner en prétendant l'avoir refoulé à la marge. Cette théorie nous conduit même à la conclusion qu'une société pourrait être raciste sans qu'aucun de ses membres ne le soit intentionnellement. Comme les croyants tourmentés voient le diable se manifester partout, les théoriciens du racisme systémique, quelles que soient les circonstances, voient partout les preuves de son existence. Ils adhèrent à cette théorie religieusement, et s'offusquent qu'on en doute. Ceux qui la critiquent sont traités en hérétiques, accusés de verser dans le « négationnisme », pour reprendre la formule de l'ancien Premier ministre québécois Philippe Couillard, qui voulait l'imposer à son peuple en 2017. Qui plus est, d'un auteur à l'autre, d'une bureaucratie à l'autre, les définitions du racisme s'additionnent sans être mutuellement exclusives : en fait, elles s'amplifient et justifient la multiplication des enquêtes qui prennent l'existence du racisme systémique comme point de départ théorique, inévitablement confirmé à l'arrivée. Le racisme est partout parce que la structure même de la société est raciste. Le racisme ne serait pas une pathologie mais la norme implicite (et, dans certains cas, explicite) de la civilisation occidentale, qu'il faudrait désormais exposer publiquement pour la combattre. La formule d'Ibram X. Kendi revient en boucle : il ne suffit plus de ne pas être raciste, mais il faut être antiraciste. En d'autres termes, il ne suffit pas de ne pas être raciste soi-même, mais l'on doit adopter la théorie et le discours de l'antiracisme racialiste en lutte contre le système raciste blanc pour être du

bon côté de l'histoire. On pourrait alors en donner la définition suivante : le racisme systémique
serait le résultat des disparités statistiques entre les
groupes identifiés par la bureaucratie diversitaire[8].
Il se distingue ainsi du racisme d'Etat qui serait
une forme de racisme assumé visant les minorités
ethniques et raciales dans les sociétés occidentales,
même si, chez les militants antiracistes, les deux
définitions en viennent souvent à se confondre,
comme on le voit surtout lorsqu'il est question
de la police et de ses pratiques à l'encontre des
groupes minoritaires. Une société normale serait
une société créant un rapport d'égalité statistique
intégrale entre les groupes la composant identifiés
par la bureaucratie diversitaire. Les disparités entre
les communautés s'expliquent exclusivement par
un dispositif social qui hiérarchiserait l'ordre social
à l'avantage des Blancs. L'égalité intégrale entre
les communautés devrait être la règle, quels que
soient les codes et pratiques culturels qui façonnent
leur inscription sociale, et tout manquement à cette
vision des rapports sociaux relèverait du racisme
systémique puisque cela reviendrait à faire porter
le fardeau de l'inégalité à ceux qui la subissent.
Toute réflexion questionnant la part de responsabilité d'une communauté connaissant des difficultés
d'insertion dans la vie sociale du pays où elle s'est
récemment implantée relève du racisme. Dans la
mesure où une norme à prétention universelle a
des effets différenciés sur les catégories qui composent la société, il faudra la juger discriminatoire,

même si elle ne se veut pas telle. Se dessine ici le procès de l'universalisme, au cœur de l'antiracisme racialiste.

La théorie du racisme systémique croit trouver sa confirmation dans l'existence des disparités statistiques entre les communautés désignées par la bureaucratie diversitaire, qu'elle interprète comme autant d'inégalités sociales engendrées par des pratiques consciemment ou inconsciemment discriminatoires. La structure même de la société occidentale produirait des effets racistes, même lorsque les individus eux-mêmes ne le sont pas vraiment. Nous arrivons à ce paradoxe d'une société structurellement raciste sans l'être intentionnellement. Le racisme serait un effet de système peut-être involontaire et inconscient mais bien réel, qui engendrerait une dynamique discriminatoire à grande échelle. Mais puisque le racisme ne désigne pas une idéologie ni un comportement individuel, mais un système aux mécanismes innombrables, comment peut-on sérieusement le combattre ? Que faire alors pour arracher et détruire ces préjugés inconscients engendrant une société discriminatoire et invivable, comme pour déconstruire les circuits de socialisation jouant contre les minorités issues de l'immigration ? Si le racisme est inscrit dans les plis les plus intimes du social, chaque individu reconduit dans ses moindres gestes les codes d'une société qui, au fil des siècles, a encodé le racisme dans sa matrice profonde. Il faut la soumettre à une entreprise de reconditionnement et de rééducation idéologiques sans précédent, pour éradiquer sa culture, réduite à un stock de stéréotypes et de préjugés. Chacun doit se surveiller soi-même et surveiller les autres pour s'assurer que les échanges ne sont pas teintés de vieux préjugés. Il faut aussi surveiller systématiquement l'espace public pour éviter que des discours jugés réactionnaires ou « haineux » ne viennent réactiver ces préjugés ou les relégitimer. L'ingénierie sociale se reconfigure en entreprise de reconstruction des rapports raciaux et les structures de l'Etat providence sont reprogrammées dans cette perspective : les politiques sociales doivent désormais être orientées en fonction des communautés jugées victimes du racisme systémique. Cette névrose statistique laisse croire qu'un contrôle politique et bureaucratique systématique de la société, sous la tutelle bienveillante mais sévère des experts en relations raciales, permettrait de construire une société enfin inclusive.

De l'inexistence des races au primat de la race : le procès de l'universalisme et du daltonisme racial

L'antiracisme diversitaire bute néanmoins sur un problème majeur : les sociétés occidentales, traumatisées avec raison par la catastrophe hitlérienne, ont fait du refus radical de la race le principe fondateur de leur imaginaire démocratique. La philosophie politique des dernières décennies s'est constituée sur son refoulement afin de proposer une vision strictement artificialiste de l'ordre social, au point même, en son nom, de proscrire toute référence aux peuples historiques qui les composent, comme si la simple mention de populations natives conduisait inévitablement aux lois raciales et à une entreprise génocidaire. Comment dès lors légitimer la réintroduction de ce concept dans des sociétés convaincues de son irréalité, d'autant que les sciences sociales ont œuvré à la déconstruction de ses assises théoriques ? L'Occident s'est persuadé que les races n'existent pas et découvre aujourd'hui que tous n'en sont pas convaincus. Se pourrait-il qu'ailleurs sur la planète, la conscience raciale soit bien vivante, et que les populations qui migrent en Occident l'importent avec elles ? A tout le moins, on assiste, chez la frange la plus jeune et la plus militante des populations se réclamant de la diversité, à une déshinibition et même une revendication de la conscience raciale qui modèle jusqu'aux perceptions du quotidien[9]. Une chroniqueuse québécoise revendiquant ses origines haïtiennes peut ainsi librement témoigner d'une querelle traversant sa communauté : une femme noire, lorsqu'elle fréquente un homme blanc, doit-elle être accusée de trahison raciale ? Elle expliquait que « la communauté noire est toujours divisée sur la question des couples mixtes », qu'« on en parle souvent entre "nous" », après avoir précisé qu'« une bonne partie de la communauté noire s'est mise à […] critiquer [Kamala Harris] pour cette raison. L'acteur afro-américain London Brown, connu pour son rôle dans la série *Ballers* de HBO, a posé la question suivante à ses 65 000 abonnés lors d'une vidéo en direct sur Instagram : "Si elle retourne à la maison dans les bras de son mari, qui n'est pas un homme noir, est-ce un conflit d'intérêts ? Sera-t-elle capable de défendre, de pousser pour les hommes noirs ?" ». La chroniqueuse citait « l'image du biscuit Oreo : noir à l'extérieur et blanc à l'intérieur. C'est un terme utilisé fréquemment pour qualifier les personnes noires qui partagent leur vie avec des personnes blanches ». Critique de cette tendance, elle confessait même que, « dans plusieurs discussions avec mes *peeps*, je me suis retrouvée, à ma grande consternation, à me faire toute petite ou à devoir m'expliquer, moi qui suis tombée amoureuse d'un Italo-Canadien. Je suis témoin des soupers enflammés ou des conversations chez mon coiffeur, où l'on pointait du doigt les personnalités publiques afrodescendantes du Québec qui sont tombées amoureuses de personnes blanches[10] ». De nombreux activistes prétendant parler au nom de la diversité témoignent d'une conscience raciale revendiquée et militante : c'est en récapitulant la grande histoire de leur groupe racial dans une perspective transnationale que les militants racialistes réclament de s'inscrire dans le débat public, comme l'explique Reni Eddo-Lodge, née de parents nigérians installés au Royaume-Uni, et figure majeure de cette mouvance dans ce pays, en expliquant qu'elle ne s'est jamais vraiment sentie reconnue dans l'histoire britannique car l'histoire des Noirs et de la traite négrière n'y était pas désignée comme un élément constitutif et même fondateur[11]. De même, plusieurs militants décoloniaux et racialistes au Québec chercheront à tout prix une présence noire esclavagisée à laquelle se raccrocher en Nouvelle-France, comme si c'était encore une fois d'abord et avant tout par la médiation de la couleur de la peau que les populations issues de l'immigration pouvaient s'inscrire dans le récit national[12]. On notera aussi le souci de pureté raciale dans certaines franges radicales des populations amérindiennes d'Amérique du Nord qui en pousse certains à vouloir exclure de leurs réserves les couples mixtes, censés corrompre la communauté par un apport étranger[13]. D'ailleurs, la race a beau se présenter comme une construction sociale intégrale, l'hostilité est vive, dans la mouvance racialiste, à l'endroit de la prétention à une identité transraciale, qui permettrait à un individu de passer d'une race à une autre, systématiquement perçue comme une forme d'usurpation et d'appropriation identitaires – alors que le transfert d'un sexe à l'autre est normalisé par la théorie du genre[14]. C'est dans cet esprit, d'ailleurs, que l'appropriation culturelle est vivement dénoncée alors qu'on célébrait encore il y a peu le caractère fécond du métissage.

Mais, au-delà de la conscience raciale revendiquée de certains jeunes issus de l'immigration, il importe de voir comment la mouvance racialiste entend construire une conscience raciale légitime dans un monde qui prétend la proscrire et la dépasser. Comment placer le concept de race au cœur de la vie politique tout en lui contestant toute validité en lui-même ? Le concept de race resurgit dans le langage de la sociologie à travers le concept de « racisé ». Maxime Cervulle synthétise ainsi cette théorie raciale qu'il approuve : « La race, selon cette perspective, ne constitue donc aucunement une hypothétique catégorie biologique, mais un mode de segmentation des sociétés servant à légitimer un ordre inégalitaire. On parlera de rapports sociaux de race pour désigner cette relation antagonique entre deux groupes (Blancs et non-Blancs) qui, construits comme tels, sont à la base d'une stratification sociale[15]. » Le terme « racisé » permet de s'en tenir au principe de l'inexistence biologique des races tout en accusant la civilisation occidentale de les produire, en confondant le « blanc » avec la norme, pour ensuite « raciser » les populations d'origine non européenne qui s'y installent et les soumettre à un système hiérarchique les désavantageant structurellement et les avilissant symboliquement. On trouvera mille fois répétée d'une manière ou d'une autre la formule de Pap Ndiaye, affirmant : « Même s'il est évident que la "race" n'existe pas d'un point de vue biologique, force est de constater qu'elle n'a pas disparu dans les mentalités : elle a survécu en tant que catégorie imaginaire historiquement construite, avec de puissants effets sociaux[16]. » Le racisme ne serait pas une pathologie présente dans toutes les cultures, comme on pouvait le croire traditionnellement, mais l'autre nom donné au système engendré par le déploiement de la civilisation occidentale. On en revient à 1492, date maudite : l'expansion européenne à partir du XVᵉ siècle serait indissociable du racisme et d'un système de classification hiérarchique des groupes humains selon leur apparence supposée. L'Europe se serait étendue à la taille du monde en théorisant la légitimité de sa propre domination. La civilisation occidentale serait en fait un système producteur de différences raciales, masqué derrière une fiction universaliste à partir de la seconde moitié du XXᵉ siècle, lorsque le racisme dans sa forme biologique s'est vu déconsidéré à jamais par les crimes nazis et l'effondrement des empires coloniaux qui prêtaient à l'homme blanc une mission civilisatrice. Les théoriciens de l'anti-racisme reconnaissent que ce qu'ils appellent le racisme classique à fondement biologique s'est effondré et ne dispose plus de la moindre légitimité dans l'ordre social, mais c'est pour mieux ajouter que la logique raciste aurait connu une mutation universaliste et se révélerait désormais en tant que principe fondateur des sociétés occidentales. Ibram X. Kendi va même jusqu'à dire que l'universalisme serait infiniment plus dangereux que le racisme classique ou celui de la mouvance suprémaciste menant explicitement le combat pour la domination blanche. « Le mouvement raciste le plus menaçant n'est pas la pulsion improbable de l'*alt-right* pour un ethno-Etat blanc mais la pulsion de l'Américain moyen pour un Etat "neutre face à la race"[17]. » La lutte contre le suprémacisme blanc ne rimerait plus avec le combat contre les héritiers du Ku Klux Klan, et les grandes manifestations contre les racistes blancs détourneraient l'attention des militants. L'aspiration universaliste : telle serait, aujourd'hui, la véritable cible d'un antiracisme conséquent.

La question de l'universalisme est essentielle : les sociétés occidentales veulent croire que ce principe les caractérise, et y voient le principal levier intellectuel pour transcender les déterminismes ethniques, et raciaux, en rappelant aux individus leur commune appartenance à l'humanité. Mais ce principe ne serait pas seulement illusoire, ou limité, comme le rappellent les sociologues attachés au rappel de son ancrage culturel et civilisationnel : il serait frauduleux. L'universalisme ne serait pas autre chose que le racisme mais le racisme sous une autre forme. La sociologie racialiste nomme daltonisme racial la prétention des sociétés occidentales à ne pas voir la couleur des citoyens qui les composent ou du moins, à ne pas lui accorder de signification politique. La fiction universaliste ferait écran à la réalité et servirait exclusivement les intérêts d'une majorité blanche reproduisant dans les frontières de la société occidentale une structure de domination coloniale au désavantage des immigrés. Le retour de la race permettait de prendre théoriquement d'assaut une société qui se croyait devenue postraciale et se reconnaissant dans l'idéal *color blind* incarné par Martin Luther King. Comme le soutient Ibram X. Kendi, le monde blanc aurait reconduit par ce biais ses privilèges en les dissimulant derrière un discours officiellement valable pour l'ensemble du genre humain, mais permettant surtout d'invisibiliser les groupes minoritaires qui subiraient encore sa domination. L'universalisme serait le mensonge que le monde occidental se raconterait à lui-même pour continuer à occulter les populations autrefois colonisées. Il masquerait la structure de domination raciale des sociétés occidentales en installant au cœur de la vie publique le mythe trompeur de la méritocratie et rendant invisibles les iniquités structurelles entre les groupes, afin de légitimer les inégalités raciales, qu'il présenterait comme les résultats sans signification sociologique de la diversité des parcours individuels. Mais cette fiction s'effriterait aujourd'hui devant les revendications des groupes « marginalisés » et des populations issues de l'immigration qui ne parviendraient pas à s'y intégrer et à en profiter. C'est dans et par la revendication raciale que ces populations pourraient se constituer comme acteurs politiques dans les sociétés occidentales et partir à leur conquête. Car contre ce système de persécution raciale ségrégationniste et néocolonial que les sociétés occidentales sont accusées d'avoir reconstruit dans leurs frontières et dont le démantèlement serait aujourd'hui impérieux, les populations issues de l'immigration sont invitées à s'affranchir de la fiction d'une citoyenneté partagée. « Nous existons, écrit le théoricien décolonial et indigéniste français Sadri Khiari, parce que nous existons politiquement et nous existons politiquement parce que nous sommes les objets et les sujets des rapports de forces politiques de races[18]. » Il s'agit donc de placer la race au cœur des représentations sociales, pour parvenir, apparemment, à démanteler un jour les systèmes qui la produiraient. L'appel à la racialisation intégrale des rapports sociaux se présente comme une condition fondamentale du progrès social et de l'émancipation des minorités. En quelque sorte, le racisme se serait approprié l'universalisme pour reconduire les privilèges qu'il maintenait. Il y aurait une complicité profonde bien qu'inavouée entre le racisme ségrégationniste et l'universalisme libéral : les deux refuseraient de penser en termes collectifs l'émancipation des populations « racisées ». Un paradoxe s'installe : moins on se croit raciste, plus on l'est – tel pourrait être le principe fondateur du néo-antiracisme qui vise explicitement les progressistes libéraux de centre-gauche, qui se croyaient à l'avant-garde du combat contre le racisme et qui sont désormais accusés d'être les premiers à le perpétuer, du simple fait de leur socialisation dans la culture blanche.

Déblanchir la société

De la critique de l'universalisme à celle du daltonisme racial, la conclusion est toutefois la même : qui refuse de se reconnaître dans le programme de transformation sociale établi par l'antiracisme devient consciemment ou inconsciemment complice de l'ordre raciste. Ne pas adhérer à la théorie du racisme systémique consiste à ne pas se rallier au programme mis de l'avant pour le renverser et dès lors, à y faire obstacle. De ce point de vue, la reconnaissance que le Blanc opère de son propre racisme et des privilèges associés à la couleur de sa peau serait la première étape d'une prise de conscience collective et, plus encore, d'un dévoilement des mécanismes sociaux qui fonderaient l'ordre raciste. La lutte contre le racisme revient donc à déblanchir la société. Lutter contre le racisme consistera donc à lutter contre le « blanc ». La formule n'est pas neuve mais elle revient en force : *l'abolition de la race blanche* est au programme. Il faudrait désormais nommer le blanc et « placer les Blancs au centre du débat sur la question raciale[19] ». Ce qui implique de mettre en procès « la pensée blanche ». C'est d'ailleurs le programme auquel s'attellent les *whiteness studies*. Le nouvel antiracisme se présente comme une critique frontale de l'identité blanche, une identité inavouée mais qu'il faudrait tout le temps nommer pour la faire apparaître, d'autant que, s'étant constituée autour du principe de la suprématie blanche, elle en serait inséparable. Comme l'écrit Lilian Thuram, « il n'y a pas d'histoire de l'identité blanche sans histoire de la désignation et de la relégation des non-Blancs. Il n'y a pas d'identité blanche sans refus de donner au non-Blanc une identité égale en droits et en dignité[20] ». L'« identité blanche » n'existerait qu'en tant que volonté de domination. « Pour remettre en question les idéologies du racisme comme l'individualisme et la cécité face aux couleurs de peau, nous dit encore Robin DiAngelo, il nous faut, en tant que Blancs, cesser de nous percevoir comme des êtres uniques et/ou en dehors de toute race[21]. » Il faut nommer le Blanc et ses ruses dissimulatrices pour mieux le déconstruire. Le Blanc, s'avançant masqué, doit être dévoilé pour pouvoir être neutralisé. Le National Museum of African American History and Culture, lié au musée Smithsonian, s'est fait très explicite dans sa critique de la culture blanche, censée reposer notamment sur une conception de la vie centrée sur l'individu, la responsabilité personnelle, l'éthique protestante du travail, la stabilité familiale et la quête de l'objectivité scientifique[22]. Au service de la hiérarchie raciale, on trouverait des forces comme « les idéologies de l'individualisme et de la méritocratie, des représentations médiatiques répétitives et étriquées des personnes non blanches, la ségrégation dans les écoles et les quartiers, la représentation de la blancheur en tant qu'idéal humain, une histoire tronquée, les blagues et les mises en garde, les tabous empêchant les discussions ouvertes sur la race et, enfin, la solidarité blanche[23] ». La théorie du mérite individuel serait une forme de légitimation des inégalités engendrées par un système discriminatoire cherchant à normaliser sous le signe du succès individuel la reproduction de rapports de pouvoir entre groupes antagonistes, en lutte au sein d'une structure de domination qui avantage les uns et désavantage les autres. A terme, c'est la rationalité scientifique telle que nous la connaissons qu'il faudra même condamner : elle témoignerait d'un rapport au monde étranger aux sagesses extra-européennes et, surtout, d'une philosophie qui aurait permis la subordination des peuples non blancs. Dès lors, le combat antiraciste prend explicitement la forme d'une croisade antiblanche, à laquelle les Blancs eux-mêmes peuvent et doivent se rallier, car il est toujours possible pour eux d'entreprendre leur déblanchissement – puisqu'on ne naît pas blanc, mais qu'on le devient, ce qui revient à dire qu'on peut aussi cesser de l'être avec de gros efforts. C'est toute une industrie de consultants qui s'est mise en place pour apprendre aux populations blanches occidentales à percevoir leurs biais raciaux : d'ateliers en séances de formation en campagnes de sensibilisation, l'homme blanc est appelé à se rééduquer. Les « racisés » devraient se libérer de l'empreinte de l'homme blanc en eux-mêmes, mais ils pourraient ainsi aider les Blancs à se libérer d'eux-mêmes, comme le suggère Houria Bouteldja pour qui « anéantir le Blanc qui est au centre de nous-mêmes c'est anéantir le Blanc au centre de lui-même. Il sait que nous sommes les seuls à pouvoir l'en débarrasser[24] ».

La critique de l'antiracisme racialiste serait révélatrice d'un trait psychologique que mettraient aujourd'hui en lumière les nouvelles revendications égalitaires : la fragilité blanche. C'est à Robin DiAngelo qu'on doit ce concept au cœur de la nouvelle pédagogie antiraciste. La Ligue des droits et libertés de Montréal en propose une définition formelle : « Etat émotionnel intense dans lequel se trouvent les personnes blanches lorsqu'une personne racisée critique certains de leurs comportements jugés racistes. Cet état est caractérisé par des réactions vives, défensives, voire violentes. Cela se traduit par des émotions comme la peur, la colère, la culpabilité ou des comportements comme argumenter, minimiser ou arrêter la conversation. Le propre de ces interactions est de mettre l'accent sur les sentiments négatifs que provoque la critique plutôt que sur l'expérience vécue du racisme[25]. » Le concept de fragilité blanche s'impose pour présenter à la manière d'un trouble psychologique et sociologique le refus de consentir à la racialisation des rapports sociaux. On y verra une psychiatrisation de l'universalisme, qui s'accompagne d'un appel au traitement quasi médical des populations qui ne consentent pas à intérioriser les catégories nouvelles imposées dans le débat public par les militants se réclamant des minorités « racisées ».

L'impossibilité théorique du racisme antiblanc

Depuis les années 1980, la question de la discrimination positive a joué une grande place en Amérique du Nord dans la remise en question du multiculturalisme et du politiquement correct. N'instituait-elle pas une forme de discrimination inversée, pas plus légitime que celle qu'elle prétendait corriger ? N'accordait-elle pas à certaines communautés des privilèges sur une base ethnique, au risque de susciter une course entre elles pour savoir qui pouvait en bénéficier et qui risquait d'être désavantagé, comme s'en plaignent désormais certaines communautés dans les universités les plus prestigieuses[26]. Autrement dit, les politiques d'*affirmative action*, présentées comme des politiques d'accès à l'égalité, ont suscité de vives résistances populaires depuis leur implantation, et ont été défaites dans le cadre de certaines consultations référendaires, notamment en Californie à plus d'une reprise. Pour la restaurer, ou pour l'implanter, il a souvent fallu la reformuler en langage non racial – on parle ainsi au Québec du « droit à l'égalité » que viendrait concrétiser la discrimination positive bien pensée. Certaines communautés étant victimes d'une discrimination systémique, elles ne pourraient faire valoir leur droit à la justice raciale qu'en disposant de mesures spécifiques, destinées à leurs membres, pour contourner ou faire éclater la fiction méritocratique de la société libérale. Autrement dit, choisir un candidat pour un poste en prenant la couleur de sa peau en considération ne cause aucun problème dès lors qu'on congédie la fiction de l'individualité et qu'elle est transformée en instrument pour atteindre la justice raciale et une représentativité adéquate d'une catégorie de la population dans un secteur d'activité sociale. Si la discrimination raciale est condamnable lorsqu'elle favorise le maintien d'iniquités raciales entre les groupes qui composent une société, elle est légitime lorsqu'elle entend les corriger, et même les abolir. Ibram X. Kendi l'affirme sans hésitation : « La question fondamentale est de savoir si cette discrimination crée de l'équité ou de l'iniquité. Si elle produit de l'équité, alors elle est antiraciste. Si elle produit de l'iniquité, alors elle est raciste. » La discrimination raciale est légitime ; la ségrégation raciale aussi, à condition de se réclamer d'une intention réparatrice au service des « racisés ». Plus encore, « le seul remède contre la discrimination raciste est la discrimination antiraciste. Le seul remède contre la discrimination passée est la discrimination présente. [...] Les défenseurs racistes de la discrimination raciste, qui servait à maintenir les iniquités raciales avant les années 1960, sont désormais les opposants racistes à la discrimination antiraciste qui sert à détruire ces iniquités raciales[27] ». Mais la discrimination positive n'est plus l'exclusivité de la société américaine, avec les aspirations à la réparation raciale qui la traversent : elle s'est imposée comme technique d'ingénierie sociale dans l'ensemble des sociétés occidentales.

Dès lors, il n'est plus nécessaire de tenir compte de l'histoire spécifique d'une communauté dans un pays pour établir si elle est victime d'une injustice structurelle : il suffit de percevoir une disparité statistique entre son poids dans la population et sa représentation dans les différents domaines de l'existence sociale pour conclure qu'elle est victime de discrimination. Le régime diversitaire applique toujours le même critère de justice : dans quelle proportion les segments de la population découpés et identifiés par la bureaucratie du régime sont-ils représentés dans les différents secteurs d'activité ? S'il existe une disproportion, quelle qu'en soit la cause, on en conclura automatiquement que ces segments sont discriminés et qu'il est urgent d'utiliser des mesures correctrices ou réparatrices pour changer la situation. Chaque disparité statistique permet ainsi de reconduire le procès pour racisme systémique. Les mesures réparatrices se multiplient, bien au-delà de la discrimination positive. Certains rêvent de doubler la valeur du vote des populations « racisées »[28], d'autres souhaitent l'abolition des frontières et la libre entrée des immigrés dans les pays occidentaux, qui devraient leur fortune actuelle à leur aventure coloniale passée. Dans cet esprit, les associations raciales non mixtes, pour peu qu'elles se réclament de l'émancipation des minorités, sont légitimées, et même encouragées[29]. On peut ainsi exclure formellement des « personnes blanches » d'une association sans qu'il ne s'agisse de racisme – il s'agira au contraire d'antiracisme.

A l'intérieur du système scolaire, certaines innovations pédagogiques cherchent à traduire cette approche, en soutenant que les enfants « racisés » apprendraient mieux avec des professeurs « racisés », et réclament des classes qui leur seraient propres[30]. Les propos qui légitiment le racisme, redéfini selon les propositions des théoriciens de l'antiracisme racialiste, devraient être proscrits, alors que ceux qui dénoncent le racisme, entendu au sens de la théorie du racisme systémique, devraient être valorisés, même s'ils affectent une sorte d'agressivité raciale.

L'antiracisme consiste donc, aujourd'hui, à viser la blanchité, à détruire les institutions qui la soutiendraient, et à amener les Blancs à ne plus l'être. Peut-on pour cela parler de racisme antiblanc ? D'après la définition du racisme adoptée par l'antiracisme racialiste, la chose est fondamentalement impossible, et même scandaleuse. Sa dialectique est piégée : qui accepte une première définition est entraîné dans une chaîne de redéfinitions et doit accepter chaque nouvelle étape du raisonnement idéologique, sans quoi il se découvrira raciste en chemin. Comme l'écrit Robin DiAngelo, « si une personne blanche a pu être harcelée, même très violemment, lorsqu'elle faisait partie d'une minorité numérique dans un contexte très particulier, elle a fait l'expérience de préjugés raciaux et de discrimination, pas de racisme ». Elle ajoute : « Les personnes non blanches peuvent, elles aussi, avoir des préjugés et exercer des discriminations envers les Blancs, mais elles ne bénéficient pas de la puissance sociale et institutionnelle nécessaire pour les transformer en racisme ; l'impact de leurs préjugés contre les Blancs est nécessairement ponctuel et contextuel[31]. » La haine raciale contre les Blancs, même si elle est condamnable, ne serait qu'un réflexe de défense, ou encore, pour ceux qui ont le plus de culot dans le déni, une manière d'appeler à l'aide contre une civilisation injuste envers ses minorités. Cette agressivité raciale antiblanche, particulièrement visible dans le rap français, qui pousse certains chanteurs à demander de pendre les Blancs, et même les bébés blancs, comme le proposait Nick Conrad, ne devrait pas être considérée comme du racisme : il faut toutefois s'être familiarisé avec la savante dialectique de l'antiracisme racialiste pour le savoir. Le racisme serait une exclusivité occidentale : le racisme antiblanc, dans cette perspective, devient une impossibilité logique. Le racisme est un système d'exploitation lié à l'expansion européenne et dont on ne saurait le dissocier. Théoricienne d'une forme de continent identitaire interne à l'Occident qu'elle nomme « Afropea », Léonora Miano affirme ainsi que « pour que Blancs et Noirs puissent se voir également accusés de racisme, pour que cette accusation ait le moindre sens au sein de la société française actuelle, la capacité de destruction mutuelle devrait être assurée. Tel n'est pas le cas. Le ressentiment que cela génère chez les groupes minorés, les actes de rejet qui en découlent, le besoin de se retrouver dans un entre-soi communautaire pour se soutenir ne sauraient porter le nom de racisme[32] ». Dominique Sopo parle ainsi du « fumeux concept de "racisme anti-blanc" ». « La dénonciation de l'existence d'un "racisme anti-blanc" ne montre en aucun cas une volonté d'universalité de la dénonciation. Elle correspond chez l'extrême-droite à une entreprise foncièrement raciste se camouflant sans trop de fard derrière les mots d'un antiracisme par ailleurs abhorré[33]. » Il y aurait donc un triste privilège blanc sur le racisme : ce dernier serait en fait consubstantiel de la blanchité, autrement dit, de l'occidentalité. Seules les inégalités sociales que l'on croit teintées racialement passionnent aujourd'hui les théoriciens du racisme systémique, qui laissent ainsi de côté de grands pans de la population. Les inégalités sociales sans connotation raciale ne suscitent aucune indignation particulière depuis le refoulement symbolique des ouvriers et travailleurs dans le camp des privilégiés – d'abord parce qu'ils ont refusé la révolution et ont péché par conservatisme, ensuite parce qu'ils avaient la mauvaise couleur de peau et bénéficiaient d'un privilège blanc les transformant par la simple magie de l'épiderme en oppresseurs. On se retrouve devant la situation paradoxale où les élites issues de la diversité continuent de se présenter comme des catégories victimisées persécutées par le racisme des ouvriers blancs qui se retrouvent au bas de l'échelle sociale. Le simple fait d'évoquer l'existence d'un racisme antiblanc devant un discours qui en appelle pourtant à la dissolution et la déconstruction des Blancs relève- rait en fait de la paranoïa d'extrême-droite. Il n'y a pas de racisme antiblanc et il ne peut pas y en avoir, dans la mesure où la possibilité même en est jugée inconcevable : « Le racisme anti-Blancs n'existe pas pour les sciences sociales, ça n'a pas de sens », pontifiera Eric Fassin[34]. Faut-il conclure de ces jeux de définitions que Blanc et raciste sont synonymes ? Oui, explique Robin DiAngelo. Dans la mesure où ils ont été socialisés dans une culture blanche, ils ont intériorisé les codes de la supré- matie blanche, qu'ils reproduiraient naturellement, surtout s'ils croient ne pas le faire. Ils le sont dans la mesure où la norme blanche s'est constituée sur le mode de la suprématie raciale invisibilisée dans les termes de la mythologie libérale. Du simple fait de la couleur de sa peau, le Blanc serait amené, depuis sa naissance, à intérioriser des idées, des sentiments et des réflexes qui l'enfonceraient dans une culture raciste – ce dont il ne serait pas respon- sable, dans la mesure où aucun homme ne décide de sa naissance, mais ce dont il aurait à se dégager, en prenant conscience de ses propres privilèges, et en s'éveillant racialement. Sur le plan symbolique, on assiste ainsi à un retournement généralisé de la présomption d'innocence : tous les Blancs sont présumés racistes jusqu'à preuve du contraire, et auraient beau multiplier les gestes repentants et de bonne foi qu'ils demeureraient toujours coupables de manière résiduelle à cause de leur couleur de peau, qui leur accorderait un privilège blanc dont ils ne pourraient jamais se détacher complètement, à moins de s'abolir eux-mêmes.

L'industrie du « diversity training »

Mais comment désapprendre la blanchité ? C'est à cette question que prétend répondre l'industrie du *diversity training*, en expansion en Amérique du Nord, qui prétend rééduquer l'homme blanc en multipliant les conférences et ateliers de formation pour lui révéler ses biais. Son objectif est explicite : il s'agit de convaincre les Blancs de devenir moins blancs, de se déblanchir, pour s'arracher aux structures profondes de la socialisation raciste. Mais que veut dire, concrètement, se déblanchir ? « Etre moins blanc, c'est être moins racialement oppressif. Cela nécessite une meilleure prise de conscience raciale, une meilleure éducation au racisme et aussi une remise en question constante des certitudes et de l'arrogance raciales. Etre moins blanc, c'est être ouvert aux réalités raciales des personnes qui ne le sont pas, s'y intéresser et éprouver de la compassion. [...] Je tends vers une identité moins blanche pour ma propre libération et le sentiment de justice que cela me fait éprouver, pas pour sauver les personnes non blanches. » Robin DiAngelo se veut sans ambiguïté : « Une identité blanche positive est un but impossible à atteindre. L'identité blanche est intrinsèquement raciste ; les

Blancs n'existent pas en dehors du système de la suprématie blanche[35]. » Au cœur de sa pédagogie se trouve le désir de susciter le malaise de son public, qui doit être amené à prendre conscience de ses privilèges et à réinterpréter en profondeur son expérience raciale du monde – la fragilisation des certitudes identitaires des populations majoritaires occidentales est d'ailleurs un élément à ce point central dans la nouvelle pédagogie diversitaire qui entend miser sur l'école pour réformer les mentalités collectives qu'on voudrait dans certains cas l'associer à l'enseignement de matières comme la physique ou les mathématiques[36].

Les administrations publiques et privées se prêtent massivement à cette inquisition. Un genre nouveau de commissaires politiques, mandatés pour surveiller le discours et les représentations portant sur la diversité, s'intègrent à l'intérieur même des équipes de ressources humaines, au nom du management diversitaire, à la recherche du mauvais réflexe, du travers intellectuel, de l'arrière-pensée coupable, pour détecter au fond de l'être le moindre réflexe inapproprié. Aux Etats-Unis, les cadres doivent se soumettre de plus en plus à un genre de dépistage inédit, celui des pensées coupables, censées se dévoiler à travers un test d'association d'idées qui se généralise dans le milieu du management, et qui les conduit à s'engager dans une série de séances de formation pour déconstruire leurs préjugés et leur faire voir la société à travers le prisme de la sociologie antiraciste[37]. Il s'agit, dans des activités ritualisées prenant la forme de séances de formation, d'inviter ceux qui y participent, de plus en plus de manière obligatoire, sous la direction « bienveillante » d'animateurs spécialisés à confesser leurs propres biais raciaux. Les *diversity trainers* plaident ainsi pour la création d'un environnement de travail où l'éradication des préjugés est une tâche constante : le travail de déracinement du racisme serait permanent, dans la mesure où celui-ci serait encodé dans les fondements mêmes de notre civilisation. Les tests se multiplient pour vérifier le fond de la structure mentale des dirigeants, cadres et employés. Comme l'a montré Christopher Rufo, cette entreprise de rééducation peut aller jusqu'à l'organisation de stages spécialement destinés aux hommes blancs hétérosexuels, où ils sont conviés à avouer leurs préjugés et à s'accuser de racisme, tout en écrivant aux personnes issues des minorités autour d'eux pour s'excuser du mal qu'ils leur ont fait, comme on a pu le voir dans une affaire qui a fait grand bruit aux Etats-Unis, dans le milieu de l'armement[38]. Les entreprises s'enorgueillissent de ces stages et ateliers antiracistes, où ils voient la preuve de leur sens des responsabilités du point de vue social. La vie publique se transforme en une perpétuelle nuit des privilèges, c'est à qui sera le plus théâtral dans la mise en scène de sa repentance, dans la confession de ses avantages indus. Robin DiAngelo, intraitable, convie son public à une expiation sans rédemption : « Interrompre les forces du racisme est un travail constant qui dure toute une vie, car les mécanismes qui nous conditionnent à l'intérieur de cadres racistes ne cessent jamais de s'exercer ; nous n'aurons jamais fini d'apprendre. [...] Le racisme est si profondément incrusté dans notre tissu social que je ne me vois pas m'échapper de ce continuum avant la fin de ma vie. Mais je peux toujours chercher à y évoluer sans relâche, rien ne m'oblige à rester à la même place ; ma position est dictée par ce que je fais à un moment donné[39]. » Comment se délivrer de son privilège blanc ? Comment se purger de ses propres préjugés ? Comment devenir l'allié des groupes minoritaires sans prétendre les sauver ni prendre le leadership de leurs combats – sans tomber dans le mythe du *white savior*, du « sauveur blanc » ?

On était autrefois fier de ne pas être raciste. Il faut aujourd'hui l'être d'avouer qu'on l'est. Les guides d'antiracisme prennent la forme de guides de croissance personnelle[40] : on trouve désormais des ouvrages expliquant aux Blancs comment renoncer à leurs privilèges en vingt-huit jours, pour devenir de bons alliés des « racisés », et d'autres pour socialiser ses enfants dans l'antiracisme militant[41]. Aux Etats-Unis, une nouvelle forme de chic mondain, pour la bourgeoisie blanche, consiste à organiser des dîners à des prix faramineux avec des activistes racialistes pour se faire expliquer ses biais racistes[42]. L'heure est venue de la bourgeoisie woke. De nombreux questionnaires sont ainsi mis à disposition pour permettre de sonder son âme et de dépister ses biais raciaux – à la manière d'Orwell, on pourrait parler du dépistage des crimes en pensée par la police des arrière-pensées. Ainsi, ce formulaire de la militante antiraciste Ally Henny, qui se présente comme un test à réaliser soi-même pour sonder sa fragilité blanche, donne une bonne idée de cette traque des pensées déviantes :

« 1. Suis-je sur la défensive lorsque des personnes racialisées parlent de "personnes blanches" ?

2. Est-ce que je ressens de la colère lorsqu'on me dit que je bénéficie de privilèges blancs ?

3. Lorsque des personnes racialisées parlent de racialisation, suis-je sur la défensive parce qu'elles décrivent comme racistes des choses que je fais ou pense ?

4. Est-ce que je ressens de la colère ou du malaise à cause de la question précédente ?

5. Ai-je, dans le passé, accepté ou grandi dans le racisme et est-ce que je ressens aujourd'hui une forme de honte qui me pousse à montrer aux autres que je ne suis dorénavant plus raciste ?

6. Est-ce que dire "pas toutes les personnes blanches" ou une formule similaire me fait me sentir mieux lorsque quelqu'un dénonce un comportement problématique chez des personnes blanches ?

7. Est-ce que j'attends des excuses lorsque je trouve que j'ai été accusé.e injustement de racisme ?

8. Est-ce que je me sens mieux lorsque je dis, entends ou lis : "C'est OK d'être blanc.he" ?

9. Est-ce que j'essaie de convaincre des personnes racialisées qu'elles ont tort à propos d'un enjeu raciste en soulignant que d'autres personnes racialisées sont d'accord avec moi ?

10. Est-ce que je ressens le besoin de parler des oppressions subies par mes ancêtres lorsqu'ils.elles ont migré (colonisé ce territoire), ou dois-je expliquer mes défis personnels lorsqu'une personne racialisée parle de ses oppressions ?

11. Est-ce que je crois que le racisme disparaîtra si nous arrêtons d'en parler ?

12. Lorsqu'on me dit que ce que je dis ou pense ou qu'une chose à laquelle j'accorde de la valeur est raciste, est-ce que cela crée chez moi de la fermeture, un désir de fuite ou une quelconque espèce d'inconfort déplaisant ?

13. Ai-je besoin d'affirmer que j'ai des ami.e.s ou des membres de ma famille racialisé.e.s lorsque quelqu'un dénonce mon racisme ?

14. Ai-je besoin de prouver que je ne suis pas raciste ?

15. Est-ce que je trouve que mes opinions et perspectives sur les enjeux raciaux devraient recevoir la même crédibilité que celles d'une

personne racialisée, que ma contribution à la discussion a donc quelque chose d'unique et d'essentiel, et qu'il est injuste de m'entendre dire d'écouter plutôt que de m'exprimer ?

16. Est-ce que je ressens le besoin de me défendre à propos des questions précédentes dans la section des commentaires sous ce message ?

Si vous avez répondu oui à n'importe laquelle des questions précédentes, vous présentez des traces de fragilité blanche. Prenez un moment pour réfléchir au pourquoi de tels sentiments. Prenez le temps d'envisager les différents points de vue[43]. »

Le retour de la phrénologie : du réalisme socialiste au réalisme diversitaire

Au cœur du racialisme, on trouve ce fantasme de l'identité de représentation physique : je ne peux m'identifier qu'à une personne me ressemblant physiquement. Le principe de représentativité est refondé sur le critère de la nécessaire identification ethnique. Le contrôle des représentations devient un objectif déclaré et les pouvoirs publics sont appelés à produire un nouvel imaginaire collectif, comme le dira en France Delphine Ernotte qui, sur la base de statistiques ethniques voulant que 25 % de la population française soit non blanche, entendait consacrer son mandat à la direction de

France Télévisions à la représentation de cette diversité dans les productions télévisuelles du pays[44]. Les médias publics, plus largement, sont appelés à devenir des « médias engagés », comme l'a déjà proposé l'ancienne ministre française de la Culture Françoise Nyssen, qui voulait rééduquer les Français « hautement réactionnaires » en « changeant les mentalités », pour que l'audiovisuel public devienne « le miroir de nos différences »[45]. A Radio-Canada, un collectif de journalistes issus de la « diversité » fera valoir son droit de rompre avec les normes et pratiques journalistiques du diffuseur public « qui exigent que les employés adoptent la vision du monde des personnes blanches de la classe moyenne pour pouvoir être considérés comme étant "objectifs"[46] ». Il s'agit donc de permettre à ses employés issus des minorités de raconter les faits selon une perspective militante, délivrée du souci classique d'objectivité. La direction de la chaîne se montrera favorable à cette revendication en se demandant si « nos définitions de l'objectivité, de l'équilibre, de l'équité et de l'impartialité – et notre exigence voulant que les journalistes n'expriment pas leurs opinions personnelles sur les sujets que nous couvrons – vont à l'encontre de nos objectifs d'inclusion […][47] ». L'industrie hollywoodienne se ralliera à cette cause de la manière la plus ostentatoire qui soit, des critères de représentativité de la diversité s'imposant désormais dans la sélection du meilleur film aux Oscars[48]. La logique de la représentativité identitaire s'étend toutefois rapidement : chaque catégorie victimisée de la population doit se retrouver dans l'espace public et se faire gardienne de rôles qu'elle se veut réservés. La théorie de l'appropriation culturelle, voulant qu'une personne d'une culture ne puisse emprunter les codes d'une autre, s'applique désormais aux minorités sexuelles et aux handicapés. Une tendance s'installe : un personnage homosexuel ne pourra être représenté que par un acteur homosexuel, un personnage trans que par un acteur trans[49], et lorsqu'il faudra représenter un personnage historique noir, il faudra s'assurer que l'acteur est aussi noir que l'était celui qu'il doit incarner, comme l'apprendra Zoe Saldana, jugée insuffisamment noire pour jouer le rôle de Nina Simone[50]. On assiste donc à l'émergence du racisme intraracial, que les spécialistes autoproclamés de la question nomment colorisme. Mais il faut non seulement mieux représenter la diversité : il faut aussi lui assurer des rôles valorisants à l'écran, et éviter les caricatures qui pourraient lui porter atteinte, comme le constatera Anne Hathaway, l'actrice hollywoodienne, prise dans une controverse pour avoir personnifié une méchante sorcière à trois doigts, représentation vexante pour les personnes victimes d'ectrodactylie dans la vie réelle[51]. Elle s'en excusera.

La politique culturelle est appelée à produire un nouveau système de représentation en s'ingérant dans la production des œuvres, pour qu'elles reproduisent les vérités nouvelles du régime diversitaire. Dans cet esprit, Diversité Artistique Montréal, un organisme voué à la promotion de la diversité dans les médias, exigera même que les personnages associés aux minorités soient positivement représentés dans les différentes séries de fiction produites par la télévision québécoise[52]. « En dépit de l'existence d'une identité québécoise et montréalaise plurielle, la projection continue d'une homogénéité blanche dans les arts, la culture et les médias entretiennent un rapport de pouvoir de nature ethnocentrique vis-à-vis des personnes racisées. Autrement dit, de façon inconsciente, les individus qui composent les institutions du secteur positionnent leur culture au centre de l'échiquier ethnoculturel, l'imposent comme modèle d'excellence, ce qui, de fait, inférise toutes les autres cultures par rapport au référent francophone blanc. » Il faudrait « que les institutions et organisations culturelles et médiatiques offrent une représentation juste et équitable illustrant les réalités ethnoculturelles montréalaises, une représentation positive des personnes et communautés racisées pour contrer la reproduction sociale des stéréotypes et préjugés, ainsi que des programmations artistiques, culturelles et médiatiques inclusives ». L'agence suggérait une méthode à suivre pour arriver à une représentation équitable et positive, en proposant de « soumettre à la relecture par des comités experts les scénarii ou les castings des émissions, films, séries, etc. subventionnés tout ou partie par de l'argent public. Les personnes racisées étant des contribuables, elles ont droit à être représentées ». Le fantasme d'un art officiel produisant une esthétique nouvelle, selon les normes fixées par les comités militants, ne relève plus d'une hantise orwellienne : c'est la réalité concrète du régime diversitaire qui entend façonner un imaginaire lui convenant, censé définir l'horizon indépassable de notre temps. Partout, les organismes subventionnaires du milieu de la culture se rallient à cette philosophie. Du réalisme socialiste d'hier, on bascule dans le réalisme diversitaire, qui entend retraduire l'ensemble des œuvres et symboles d'hier dans ses codes et sa vision du monde. C'est seulement en allant jusqu'au terme de ce travail d'effacement qu'on pourra en finir avec un monde trop blanc.

Chapitre 4

Le fantasme du nettoyage éthique et la croisade contre la haine

Se vivant comme une minorité civilisée isolée au sein d'une nation de ploucs et de cul-terreux, les libéraux tombaient dans un style de critique sociale qui avait pour étrange effet de renforcer leur complaisance au lieu d'y remédier.

Christopher Lasch

Je crois que la détestation des hommes nous ouvre les portes de l'amour pour les femmes (et pour nous-mêmes) sous toutes les formes que cela peut prendre. Et qu'on a besoin de cet amour – de cette sororité – pour nous libérer.

Pauline Harmange, *Moi, les hommes, je les déteste*

Il est encore tabou, interdit même, d'imaginer un monde où on pourrait haïr les hommes.

Catherine Lalonde,
à propos du livre de Pauline Harmange

Octobre 2020 : un étrange débat venu d'Ecosse aurait dû inquiéter les rédactions occidentales. Humza Yousaf, ministre de la Justice et promoteur local de l'antiracisme racialiste, que nous avons déjà croisé dans ces pages, a voulu franchir le seuil du foyer, que l'on croyait sacré, en expliquant que les propos interdits dans la vie publique devaient désormais l'être aussi dans le domaine privé. Cette proposition, au cœur de son *Hate Crime and Public Order (Scotland) Bill*, spécifiait qu'à la maison l'individu sera surveillé, et devra surtout se surveiller, pour éviter de se laisser aller à de coupables envolées. Humza Yousaf a présenté sa thèse sous la forme d'une question rhétorique : pourquoi des propos interdits à la télévision ou au pub devraient-ils être autorisés en privé ? La *dwelling defense*, qui sanctuarisait en quelque sorte la demeure, ne tiendrait plus devant la haine. La haine n'est-elle pas condamnable partout en tout temps ? Le projet fut sévèrement critiqué. La nouvelle loi ne risquait-elle pas de favoriser un régime de délation généralisé dans une société où toute remise en question de l'orthodoxie diversitaire peut être qualifiée de propos haineux ? N'allait-elle pas faire de la délation de ses proches et de ses amis l'apothéose de la morale civique ? La vigilance idéologique appliquée au domicile privé ne risquait-elle pas de tendre exagérément les rapports sociaux, chacun surveillant en permanence son prochain à la recherche de propos répréhensibles ? Des invités capricieux, après une soirée, ne pourraient-ils rapporter aux autorités des propos qui les auraient dérangés chez leurs hôtes, qu'ils auraient mal compris ou tout simplement détestés ? Et, le régime diversitaire poussant de plus en plus les enfants socialisés dans ses écoles à percevoir partout des micro-agressions et des gestes d'intolérance, une telle loi ne les inciterait-elle pas, tôt ou tard, à dénoncer leurs parents, coupables d'appartenir encore au vieux monde, de véhiculer ses préjugés et, pire encore, de chercher à les leur inculquer[1] ? Au moment d'écrire ces lignes, on ne sait toujours pas quelle sera la mouture finale de cette loi : il n'en demeure pas moins que dans une démocratie libérale occidentale, en 2020, on discutait ouvertement de la surveillance des conversations privées sur le mode de la délation citoyenne. Or, quoi qu'en pensent les sceptiques, l'idéal d'une surveillance intégrale des pensées et conversations est revendiqué par le régime diversitaire, comme on le constate avec la « stratégie anti-rumeurs » financée par le Conseil de l'Europe dans le cadre de son programme Cités interculturelles. Cette politique entend « identifier les rumeurs qui courent dans une ville ; collecter des données objectives mais aussi des arguments émotionnels pour dissiper les fausses rumeurs ; créer un réseau anti-rumeurs composé d'acteurs de la société civile locale ; nommer et former des "agents anti-rumeurs" ; et concevoir et mener des campagnes de sensibilisation pour lutter contre ces rumeurs »[2]. Pour peu qu'on garde en tête l'histoire du dernier siècle, on pourrait y voir un indice de la *stasification* du régime diversitaire.

Si le régime diversitaire a laissé parler en Ecosse son fantasme d'une transparence absolue de l'ordre social, sous la forme du panoptique, et d'une maîtrise intégrale des pensées et arrière-pensées, cette tentation, partout présente, se présente politiquement sous des formes variées. La délation devient l'expression militante d'une nouvelle morale publique, ainsi que le signalement des propos inappropriés. De la loi Yousaf à la loi Avia, en passant par les différentes tentatives plus ou moins avortées d'implanter des lois poursuivant le même objectif, la lutte contre les propos haineux est au cœur de la rhétorique de l'époque et est devenue une marque distinctive du régime diversitaire, qui associe leur éradication progressive à un progrès de l'humanité, comme s'il fallait assécher une fois pour toutes les marais fangeux où logeraient encore les préjugés contre la diversité. Une grande croisade pour bannir de la cité ceux qui participent consciemment ou inconsciemment à la défense d'un ordre jugé discriminatoire, fondé sur des préjugés racistes, sexistes et transphobes, s'annonce. L'extension du domaine de l'interdit est au programme et tous les groupes « discriminés » doivent présenter leurs revendications particulières. Une purge politique et médiatique s'imposerait pour liquider une fois pour toutes les *intellectuels réfractaires* à la nouvelle foi ou résolument hostiles au régime diversitaire. A partir des années 1980, Paul Yonnet l'avait bien noté[3], la lutte contre la haine s'est ritualisée dans de grandes processions quasi religieuses pour exorciser la tentation du racisme et du fascisme, censée toujours revenir : elle était souvent mise en scène dans de grands concerts musicaux organisés pour mobiliser la jeunesse contre l'intolérance, comme, avant-hier, les écrivains pétitionnaient ensemble contre le fasciste désigné du moment. Les campagnes de dénonciation sur les réseaux sociaux prennent aujourd'hui le relais de ces méthodes. La traque aux dérapages par les contrôleurs autorisés de la circulation idéologique, le repérage olfactif des contrevenants sulfureux ou nauséabonds qui ont l'odeur du diable ou celle de la décharge publique, la mise au pilori médiatique de ceux qui parviennent quand même à faire entendre une dissidence au-delà des marges et à contredire le régime diversitaire sur son terrain, sont autant de stratégies utilisées pour en finir avec une opposition dont la simple existence est jugée de plus en plus scandaleuse.

Sur l'extrême-droitisation comme technique d'infréquentabilisation

L'histoire n'est pas nouvelle, elle vient même de très loin et est peut-être indissociable de la tentation épuratrice au cœur de la modernité, qui a montré son potentiel exterminateur une première fois en Vendée, et plus tard contre les koulaks.

Il s'agit chaque fois d'en finir avec le bois mort de l'humanité, de liquider les classes sociales ou les catégories de la population qui sont perçues comme des obstacles à la marche de l'Histoire et au progrès. C'est dans cet esprit que sont traités aujourd'hui les peuples historiques des sociétés occidentales, reconceptualisés en « majorités blanches » réfractaires à leur rééducation dans les catégories du pluralisme identitaire et qui tarderaient à se convertir aux vertus de la société inclusive. Les peuples historiques doivent désormais être neutralisés politiquement ou rééduqués idéologiquement, peu importe la méthode – c'est leur tour d'être koulakisés, en quelque sorte. Devant le tribunal de l'Histoire, parmi les natifs, seuls ceux qui se livreront inlassablement à leur autocritique et qui dénonceront leurs propres privilèges pourront être moralement sauvés et éviter l'exil symbolique dans les contrées glaciales de l'« extrême-droite ». Collaborateurs dévoués du nouvel ordre diversitaire, ils auront surtout pour tâche de dénoncer ceux des leurs qui tarderont à s'y convertir ou qui y résisteront – cette résistance étant interprétée comme une réaction haineuse.

La modernité n'est pas étrangère au concept d'ennemi : elle a toutefois tendance à le dépolitiser pour le transformer en catégorie morale, à l'absolutiser et à en faire un adversaire de l'humanité, contre qui il est toujours nécessaire de lever une croisade, pour l'empêcher d'entraîner la société entière dans une dynamique régressive. Il faudrait peut-être, plus exactement, parler de la tentation fondamentaliste de la modernité qui s'empare du concept de démocratie pour lui prêter une nouvelle définition lui permettant de qualifier ses critiques d'antidémocrates. Dès lors que la démocratie change de définition, et ne se réfère plus à un régime fondé sur la souveraineté du peuple, qui suppose un groupe historique se constituant politiquement et délibérant quant à son avenir dans des institutions capables de traduire de manière féconde ses contradictions, mais désigne plutôt un processus se réclamant du progrès et légitimant le morcellement infini de la communauté politique au nom de l'éclosion de la diversité sous le signe de la logique des droits, celui qui confesse quelques réserves devant ce processus est accusé de verser dans la tyrannie de la majorité. La mutation diversitaire de la démocratie a engendré de ce point de vue une redéfinition de l'ennemi de l'humanité, désormais associé au refus d'assimiler la dissolution des repères anthropologiques et identitaires de la civilisation occidentale au progrès de l'humanité. L'ennemi est celui qui pourrait ramener la société en arrière – on l'associe pour cela à une force de régression.

Comme on le constate avec les appels à répétition pour bannir des ondes ou des journaux ceux qui contredisent les préceptes du régime diversitaire, rien n'est plus habituel chez ses commissaires idéologiques que de mettre en place des mécanismes d'épuration symbolique de l'espace public. Qu'il s'agisse du fascisme, du racisme, de l'extrême-droite, de la suprématie blanche, les concepts sont vidés de leur signification originelle pour servir chaque fois à diaboliser le nouvel ennemi du moment : une bonne partie du travail de la gauche idéologique à prétention expertocratique consiste à en redéfinir toujours le sens pour les faire correspondre au portrait de l'ennemi du moment. Du contre-révolutionnaire au fasciste, de l'extrémiste de droite au populiste, la démocratie « progressiste » n'a cessé de générer des catégories pour désigner ceux qui sont accusés de ne pas y croire assez. L'histoire du XXe siècle nous le rappelle, l'antifascisme fut rapidement instrumentalisé pour devenir une stratégie de criminalisation de l'anticommunisme[4]. On trouve au cœur de la modernité une disposition idéologique qui toujours veut voir chez ceux qui refusent d'embrasser son mouvement un attachement irrationnel et régressif à des pratiques sociales et culturelles condamnées par le sens de l'Histoire ou une défense consciente et inconsciente des privilèges des dominants, qui parviennent quelquefois à mobiliser les catégories populaires à leur service et contre leur propre intérêt. Le concept de fascisme, après la Seconde Guerre mondiale, délié de sa signification historique originelle, est vite devenu polémique, et a été instrumentalisé à gauche pour désigner tous ceux qui, d'une manière ou d'une autre, s'opposaient frontalement à elle. Un peu usé par le passage du temps, il se fit déclasser, dans la dernière partie du XXe siècle par celui d'extrême-droite, moins historiquement connoté et plus facilement associé à un adversaire n'ayant rien à voir avec Hitler ou Mussolini. On parlera même de plus en plus de la « nouvelle extrême-droite » pour désigner des mouvements étrangers à l'histoire de la Seconde Guerre mondiale mais qui réactiveraient apparemment les schèmes mentaux entrant en contradiction avec la modernité, notamment en mobilisant une définition de la nation ne se laissant pas définir strictement dans les paramètres du contractualisme. Le refus de l'artificialisation intégrale des identités culturelles ou sexuelles serait la marque distinctive de ce courant. Mais à partir de quel critère distingue-t-on ce qui est correctement à droite de ce qui est trop à droite ? Et à quel moment devient-on d'extrême-droite, dans la mesure où ce terme en vient à désigner pêle-mêle les partisans de la laïcité, les catholiques traditionalistes, les nationalistes, les conservateurs, les libéraux classiques et bien d'autres ? La lutte contre la haine renouvelle le dispositif antifasciste mis en place dans les années 1980 en le radicalisant. Le régime diversitaire opérant à la manière d'un logiciel traducteur réinterprétant l'ensemble de l'existence dans ses catégories, il range inévitablement à l'extrême-droite chaque contradicteur sur son passage. Sans contenu précis ou particulièrement identifiable, ce concept permet de désigner à la vindicte publique l'ennemi du moment. Ce marqueur d'infréquentabilité a pour fonction d'inhiber la dissidence en faisant craindre à ceux qui s'afficheraient trop ouvertement contre lui d'être à jamais marqués par leur mauvaise réputation. A bien des égards, l'extrême-droitisation du désaccord a pour fonction d'étiqueter de telle manière une position qu'elle devient indéfendable socialement et médiatiquement, quels qu'en soient la valeur et les mérites propres. On apprend peu de chose d'une idée, lorsqu'elle est étiquetée à l'extrême-droite, sinon qu'elle déplaît aux experts idéologiques chargés de garder vivante cette étiquette disqualifiante, pour imprimer au front des ennemis du régime diversitaire la marque du diable. Nous sommes devant un concept polémique qui peut s'emplir, selon les circonstances, de contenus idéologiques contradictoires servant à désigner le méchant du moment. Malgré sa définition flottante, sa puissance est d'abord sidérante : il suffit de l'accoler à un acteur politique ou à un intellectuel pour que sa parole soit immédiatement déconsidérée et qu'il soit considéré comme un ennemi de l'humanité, contre lequel à peu près tout est permis. Il n'est pas abusif d'affirmer que le régime diversitaire repose, en dernière instance, sur le concept d'extrême-droite, à la manière d'un repoussoir absolu, l'ensemble des acteurs sociaux qui veulent demeurer dans le domaine de la légitimité étant prêts aux contorsions les plus improbables pour éviter qu'on les y associe.

L'hégémonie de Big Tech

Au temps du monopole des grands médias sur la parole publique, avec l'entrée de la télévision dans les ménages, les discours contredisant les critères de la respectabilité politique étaient pour l'essentiel refoulés à la périphérie de l'espace public, les courants politiques jugés réfractaires peinant à se faire entendre autrement que de manière marginale ou caricaturale. C'était un exploit de percer le mur du silence et, plus encore, de demeurer dans la vie publique autrement qu'à la manière d'un repoussoir. Une percée médiatique inattendue pouvait déstructurer l'espace public et provoquer une crise du système politique. Le succès en kiosque d'un magazine s'aventurant sur une ligne éditoriale proscrite pouvait susciter une réaction très vive du système médiatique. Encore aujourd'hui, le succès d'une chaîne de télévision s'écartant de l'orthodoxie diversitaire sera traité comme une menace pour la démocratie et les appels au boycott à son endroit risquent de se multiplier. Mais comme l'a bien compris Régis Debray, l'histoire de l'espace public est indissociable des conditions techniques et technologiques de sa production, de sa mise en scène. A l'échelle des pays occidentaux, les médias sociaux ont contribué à dégager l'espace public de la tutelle du système médiatique, qui non seulement formatait l'opinion mais structurait le champ des options autorisées, en expulsant du périmètre de la respectabilité les figures dissidentes, sinon

pour en retenir quelques phrases décontextuali-
sées et jugées transgressives, justifiant leur mise
en procès en les reconduisant dans la figure du
bouc émissaire. L'apparition d'Internet a dégagé
un espace public permettant aux proscrits, ou tout
simplement aux marginalisés, de l'investir, pour
s'y présenter autrement qu'à travers les catégories
médiatiques dominantes qui les condamnaient à
jouer le mauvais rôle dans la vie publique. Internet,
autrement dit, a transformé radicalement les conditions d'entrée dans l'espace public. Frédéric Potier,
qui dirigeait en France la Délégation interministé-
rielle à la lutte contre le racisme, l'antisémitisme
et la haine anti-LGBT, s'en désole : « Les fauteurs
de haine ont compris bien avant nous tout le profit idéologique qu'ils pouvaient tirer de la numé-
risation de la société. Le numérique a donné un
second souffle à des mouvements plus ou moins
structurés, chassés des espaces médiatiques tradi-
tionnels, en raison de leurs discours extrémistes[5]. »
Les discours haineux circuleraient plus que jamais
à cause de la démocratisation des plates-formes et
pousseraient les individus désaxés à s'investir dans
la vie publique. Les sociétés occidentales seraient
saturées de discours haineux témoignant d'une
aversion profonde à l'endroit de la différence. Les
réseaux sociaux seraient directement connectés aux
égouts symboliques de la société et à ses pulsions
les plus basses. A travers eux s'exprimerait une
insurrection populiste délivrée du filtre démocratique et médiatique traditionnel. La désinstitution-

nalisation de l'espace public associée à l'émergence de la démocratie numérique aurait entraîné la submersion de la vie collective par des discours contraires aux exigences élémentaires de la dignité humaine et l'heure serait venue d'enfin les réguler, en réprimant formellement et symboliquement leur dimension régressive. Comment empêcher ces forces du monde d'hier de troubler celui qui s'installe ? Les victoires récentes attribuées au populisme, en particulier celles du Brexit et de Donald Trump en 2016, ont été attribuées en partie à un dérèglement de l'espace public qui aurait permis à un courant irrationnel de surgir dans la cité, en excitant les pires préjugés d'un peuple insuffisamment (ré)éduqué, qui aurait ainsi privilégié des options politiques contraires au sens de l'Histoire et du progrès. Certains affects diabolisés par le régime diversitaire, qui les assimile à l'univers de la haine, remonteraient à la surface et gagneraient en légitimité en même temps qu'en visibilité. La percée des populismes et leur inscription durable dans la vie politique seraient un signe de l'échec de la délibération démocratique qui, bien menée, ne pourrait jamais aboutir à ce résultat. Comme l'écrit Carolin Emcke, qui a voulu théoriser la lutte contre la haine, « je ne tiens pas pour un progrès que chaque bassesse intérieure puisse être exhibée, parce que cette exhibition des sentiments serait devenue, depuis peu, une catégorie pertinente de la vie publique, voire de la vie politique ». Elle explique ainsi que la tradition servirait seulement à anoblir des préjugés d'hier, et à masquer leur caractère souvent monstrueux. « Nombre des discriminations et exclusions actuelles sont […] arbitraires et absurdes. Simplement, les récits qui les transmettent (ou les lois dans lesquelles elles sont inscrites) reposent sur une tradition si longue, leurs schibboleths ont été si souvent ressassés qu'ils ne semblent plus discutables. Il suffit que les normes qui incluent et excluent soient suffisam-ment anciennes pour qu'elles disparaissent dans l'angle mort de la perception sociale. » La démo-cratie serait dangereuse parce qu'elle permettrait de reconduire ces préjugés sous le masque de la légitimité majoritaire. « Ce type d'exclusions peut aussi être déterminé par des processus majoritaires, lors d'un référendum ou de votes parlementaires », ce qui ne « change[rait] rien à leur caractère poten-tiellement illibéral et normativement discutable[6] ».

On en revient aux différentes lois contre la haine, et plus particulièrement contre la haine en ligne, qui se multiplient : les géants du numérique ont trouvé dans l'émeute du Capitole, en janvier 2021, une raison pour entreprendre l'expulsion de l'es-pace public des personnalités trublionnesques. Un nouveau système de régulation se met en place et les grandes entreprises du numérique, tel un pouvoir suprême régulateur, que leurs adversaires surnomment d'ailleurs Big Tech, sont invitées à traquer les dérapages et à censurer les hommes politiques qui déplaisent à un moment ou un autre, au point de les priver de visibilité ou de tribunes.

A la manière d'empires numériques supranationaux, elles entendent façonner explicitement les paramètres autorisés du débat public. Un nouveau type de militantisme s'adapte à ce nouvel environnement technologique : c'est la « guerre aux réputations ». Par exemple, de nouveaux activistes numériques comme les Sleeping Giants veulent priver de revenus publicitaires les médias permettant l'expression de pensées dissidentes, en menant contre eux une campagne de diffamation permanente, misant sur la frilosité des annonceurs, toujours soucieux de ne pas faire de vagues. Se multiplient les observatoires et autres associations patrouillant à travers l'espace public en général et les réseaux sociaux en particulier. L'enjeu est central dans une société intégralement médiatisée où la surveillance est rendue possible par la technologie et du fait que les individus s'exposent d'eux-mêmes sur les réseaux sociaux. N'importe quelle trace qu'on y laisse peut devenir une preuve incriminante, en fonction de l'évolution de la ligne du régime diversitaire qui réinvente l'ostracisme et peut prononcer une condamnation à la peine de mort sociale : déconsidéré, appartenant pour de bon à la fange de l'humanité, le haineux ne mérite ni considération ni empathie. On envisage même de le marquer publiquement. En 2015, le gouvernement du Québec a un temps envisagé, dans un projet de loi sur les propos haineux, le projet de loi 59, de créer un registre public des délinquants idéologiques, consignant en quelque sorte la liste des mauvais citoyens, des hommes et des femmes de mauvaise réputation[7]. Abandonné en cours de route, il n'en traduisait pas moins l'état d'esprit du régime diversitaire qui entend faire porter la marque du diable à ceux qu'il considère comme ses ennemis. Et début 2021, en France, on a pu voir, dans le cadre des délibérations parlementaires, le député M'Jid El Guerrab plaider, sans succès, pour que soit affiché un bandeau de rappel lorsqu'une personne condamnée pour « propos haineux » est de passage à la télévision. C'est toujours la même logique qui consiste à tenir un registre public des proscrits qui se déploie[8].

La haine : un sentiment unidirectionnel, ou la logique du deux poids deux mesures

Comment définir la haine contre laquelle il faudrait lutter ? Comment faire de la haine une catégorie juridique pertinente et, surtout, politiquement efficace ? Car ce n'est pas un sentiment universel répandu dans toutes les catégories de la population et toutes les cultures que le régime diversitaire entend proscrire. Faut-il voir dans les séances rituelles de défoulement médiatique où certains intellectuels sont dénoncés à coups de pétitions des propos haineux ? Faut-il voir dans la volonté de marquer à tout prix un philosophe ou un essayiste à l'extrême-droite, avec tout ce que cela implique et signifie socialement, une manifestation de haine idéologique ? Faut-il voir dans la transformation de certaines figures publiques en figures absolument exécrées une manifestation de haine ? Quel terme utiliser quand un homme politique assimile le populisme à une lèpre et les électeurs populistes à des lépreux ? Que penser de la nazification de l'adversaire toujours renvoyé aux « pires heures de notre histoire » ? Faut-il voir dans ces discours des manifestations de haine ? Il n'en est évidemment rien. C'est à travers la *phobisation* de l'adversaire que le régime diversitaire a entrepris la persécution politique et, dans certains pays, juridique de ses adversaires. Frédéric Potier, alors qu'il dirigeait encore la DILCRAH, a proposé la liste suivante des « fléaux qui minent aujourd'hui les fondements de notre République » : « le racisme, la xénophobie, l'antisémitisme, les intégristes identitaires, les LGBTphobies, le rejet de l'altérité et de la différence ». Il s'agirait de purger la société française, intimement corrompue par « des siècles de préjugés et de haine ». Citant René Cassin, Frédéric Potier va jusqu'à affirmer que le combat contre la haine est un combat contre les « Anti-89 ». On se demandera quand même dans cet esprit si le conservatisme burkéen entre dans la catégorie du discours haineux ? L'antimoderne est-il à classer parmi les haineux ? Ce sont les années présentes qui inquiètent Frédéric Potier, qui voit partout surgir la haine dans le contexte français. « Une entreprise idéologique est à l'œuvre visant à faire reculer les idées progressistes à grands coups de boutoir.

Publications, colloques, cérémonies, chaînes YouTube, comptes Twitter, une stratégie offensive déterminée est organisée contre ce qui constituait hier l'agenda de l'*open society*, à savoir une société ouverte sur le monde, tolérante, accueillante, se battant en faveur de l'émancipation des individus contre toutes les formes d'obscurantisme. » C'est donc l'opposition à « l'agenda de l'*open society* » qui caractériserait la haine – mais le combat contre celle-ci « sera probablement sans fin », ce qui justifie une mobilisation maximale et une entreprise permanente de sensibilisation de l'opinion[9]. Dans un étonnant amalgame, Frédéric Potier dénonce ainsi la « chaîne de la haine : haine du juif, haine d'Israël, haine des migrants, haine des musulmans, haine de la démocratie, haine du pluralisme, haine du métissage, haine des Lumières, haine de la complexité, haine des homosexuels, etc.[10] », sans définir exactement ce qu'il entend par chacune de ces haines. La traque aux nazis, ici, sert surtout de prétexte pour justifier la chasse à un tout autre gibier : le dissident, le conservateur, le réactionnaire, le nationaliste, le libéral, la féministe classique, tous ceux qui, pour une raison ou pour une autre, ne se rallient pas au dogme diversitaire et ne suivent pas ses mutations. La haine, sans cesse, étend sa définition et se présente comme une vaste entreprise de fichage des contrevenants idéologiques et autres mauvais sujets non repentis. L'objectif est déclaré : il s'agit d'assécher le marécage fangeux d'où proviendraient les discours haineux pour en arriver au nettoyage éthique de l'espace public. La haine serait l'expression violente des catégories sociales privilégiées attachées plus que tout à leurs privilèges et décidées à les conserver à tout prix. Le mauvais homme qui rôde dans la cité, l'empoisonne, la pollue, porte un nom : c'est le haineux.

Reddit, une des plates-formes les plus connues du monde anglo-saxon, a un temps voulu mettre à jour sur son site la règle sur la haine de manière tout à fait explicite : « Si la règle sur la haine protège ces groupes [les groupes minoritaires], elle ne protège pas tous les groupes ni toutes les formes d'identité. Par exemple, la règle ne protège pas les groupes de personnes qui sont majoritaires […][11]. » Dans le même esprit, Facebook n'entend plus placer toutes les manifestations de la haine raciale sur le même pied. Comme l'expliquait l'AFP, « régulièrement vilipendé pour laisser passer trop de messages haineux et racistes, Facebook modifie […] ses algorithmes pour réprimer plus sévèrement les insultes contre les minorités, tout en cessant de retirer systématiquement les attaques contre les personnes d'origine caucasienne, les hommes ou les Américains[12] ». Cette asymétrie revendiquée dans le domaine de l'injure est indissociable de la conception dominante du « discours haineux ». Tout comme le « racisé » ne saurait être raciste, le minoritaire ne saurait être haineux. Le cas de Sarah Jeong est probablement un des plus connus. Embauchée comme éditorialiste au *New York Times* en 2018, on vit remonter à la surface certains de ses anciens tweets où elle en appelait à en finir avec les Blancs, tout en annonçant le jour à venir de leur extinction, en allant même jusqu'à écrire #cancelwhitepeople. Lorsque ces tweets suscitèrent de vives critiques sur les réseaux sociaux, les employeurs de Jeong relativisèrent en refusant d'en reconnaître le contenu raciste tout en disant que la journaliste était victime d'une campagne de diffamation et de propos haineux à grande échelle[13]. En d'autres termes, l'appel à la destruction des Blancs d'Amérique serait une simple réaction de défense contre la suprématie blanche. Et puisque le Blanc ne serait finalement qu'une construction politico-symbolique à l'intérieur du système de hiérarchie raciale avec lequel se confond le monde occidental, sa destruction ne saurait être assimilée à une intention destructrice, mais simplement à une volonté de déconstruction placée sous le signe de l'émancipation. La figure de Karen, l'équivalent féminin du beauf chez les Américains, en témoigne : au fil des mois, pendant les années Trump, mais plus encore suite à l'affaire Floyd, les reportages et chroniques pour décrypter sa vision du monde se sont multipliés. Il allait désormais de soi que la femme blanche de classe moyenne pouvait être portraiturée sur le mode de la caricature la plus grossière sans que cela ne pose problème – le Blanc est désormais présenté comme un empoisonneur du corps social. On peut afficher ouvertement sa haine des hommes en les qualifiant d'« ordures[14] » et recevoir les félicitations de la presse progressiste, ou rêver à l'antenne de relations sexuelles bestiales et dégradantes avec une jeune journaliste pour peu qu'elle soit associée à la droite sans que cela ne fasse réagir les féministes[15] – on avait constaté par ailleurs au moment des agressions sexuelles de Cologne qu'elles pouvaient aussi se montrer étonnamment discrètes quand le mythe de la diversité heureuse exigeait qu'elles détournent le regard et que le coupable n'avait pas le profil espéré, au point même de relativiser l'agression en expliquant qu'elle pesait bien peu dans le contexte plus large de la culture du viol occidentale. Pour le régime diversitaire, la haine du réactionnaire, incarné dans la figure maléfique de l'homme blanc hétérosexuel, passe pour la forme achevée de l'amour de l'humanité.

Les fondements de la « cancel culture »

Le régime diversitaire cherche, à travers la construction politique et juridique du discours haineux, à institutionnaliser de nouveaux interdits en accordant une forme de privilège à ses catégories privilégiées. Herbert Marcuse considérait que la liberté d'expression ne donnait pas le droit de tenir des propos régressifs, contraires aux exigences de l'émancipation. Cette thèse est aujourd'hui reprise par des mouvements étudiants qui ont mis en scène, au fil des dernières années, de nombreuses manifestations violentes pour contester la présence d'un conférencier décrété controversé, comme on l'a vu sur de nombreux campus américains, qui devraient être transformés en *safe spaces*. C'est ce qu'affirme ainsi sans ambiguïté une association étudiante de l'université du Québec à Montréal : « Le débat liberté d'expression *versus* espaces sécuritaires posé dans ces termes suppose que les discours que nous ne tolérons pas à l'UQAM ne sont que des paroles. Nous ne vivons pas le sexisme, l'homophobie, la transphobie et le racisme comme de simples discours. Il s'agit de systèmes violents qui font beaucoup plus que nous "offenser". Ils se manifestent par de la discrimination dans toutes les sphères de nos vies et par de la violence systémique, verbale, symbolique, physique et sexuelle. Ils vont jusqu'à tuer. Aucune institution publique ne devrait permettre que dans ses murs se tiennent des événements qui encouragent la haine et la violence envers les personnes et les communautés marginalisées. La liberté d'expression devrait nous permettre d'exprimer des opinions qui vont à l'encontre des pensées dominantes et de l'autorité. Le sexisme, l'homophobie, la transphobie et le racisme ne sont PAS de simples "idées qu'on déteste". Ce sont des systèmes de domination. Les discours n'en sont qu'une manifestation, ils ne sont qu'un élément qui les compose[16]. » Il s'agit là d'un point central : les idées qui entrent en contradiction avec les préférences idéologiques de l'avant-garde militante du régime diversitaire ne sont pas considérées comme des idées mais des actes de violence. Ne pas consentir aux revendications des groupes minoritaires relève du discours haineux, ne pas accepter les définitions que leurs représentants autoproclamés en donnent en relève aussi. Le droit de perturber un événement mettant en scène un intellectuel réfractaire est consacré : hurler dans une conférence n'est qu'une manière parmi d'autres de se faire entendre des dominants. Les dominés, en changeant les règles du jeu, reprendraient la main sur la conversation publique, en n'acceptant plus un système de règles conçu pour les condamner à l'impuissance. Pour permettre aux minorités de s'exprimer librement, il faut ainsi multiplier les *safe spaces*, censés les mettre à l'abri des discours leur faisant violence en contredisant l'image qu'elles se font d'elles-mêmes. La liberté d'expression sera mise en procès car elle aurait surtout pour fonction de normaliser les discours dominants et les préjugés et stéréotypes majoritaires. Ne pas voir les minorités avec les yeux de ceux qui prétendent les représenter de manière militante consisterait à les déshumaniser. Le culte des minorités engendre une redéfinition du blasphème, qui consiste aujourd'hui à ne pas reprendre le discours que les minorités ou leurs représentants tiennent sur elles-mêmes. L'idéal libéral d'une conversation civique éclairée serait un fantasme bourgeois, une lubie d'intellectuels exagérément attachés aux idées en plus d'entretenir avec elles un rapport désincarné. La gauche woke théorise la *cancellation* des conférenciers décrétés haineux, en expliquant que les groupes marginalisés n'ont pas les moyens de participer à la conversation civique et qu'ils doivent transgresser ses règles pour se faire entendre en débordant les cadres habituels de la délibération publique et, surtout, en condamnant l'ennemi qui les contredirait à l'invisibilisation symbolique. La décolonisation de la liberté d'expression correspondrait pratiquement au pouvoir enfin reconnu aux minorités de définir les termes de la délibération publique à partir de leur propre sensibilité, comme à définir de nouveaux interdits[17]. Les minorités « racisées », surtout, seraient en droit de fixer des tabous et d'expulser ceux qui participeraient rhétoriquement à leur assujettissement. Les marginalisés, reprenant leurs droits, n'auraient pas à respecter les règles à l'origine de leur invisibilisation et de leur racisation. C'est en *déplatformant* les intellectuels, chroniqueurs ou conférenciers jugés toxiques qu'on assainira l'espace public. Il s'agit de les en expulser, de les bannir de la cité. Ce mouvement frappe aussi les maisons d'édition, où il peut arriver désormais que certains employés se révoltent contre la publication d'un ouvrage allant à contre-courant, ou dans des librairies qui ne consentent plus à diffuser un livre heurtant certains groupes militants[18]. Et plus les tensions entre le régime diversitaire et la réalité qu'il prétend organiser se multiplient, plus le régime se durcit. Le concept de discours haineux en vient ainsi à désigner le rappel de faits désagréables, qu'il s'agisse d'événements ou de statistiques, entrant en contradiction avec le grand récit de la diversité heureuse.

La question des caricatures de Mahomet révèle aussi la redéfinition des paramètres de la liberté d'expression par le régime diversitaire. Si en France il est généralement entendu qu'aucune religion ne saurait imposer sa propre définition du blasphème au cœur de l'espace public, dans le monde anglo-saxon une autre vision prévaut. Les caricatures seraient en fait un geste de violence symbolique néocolonial destiné à heurter intimement les musulmans et à les cantonner dans le rôle d'étrangers indésirables qu'il faudrait remettre à leur place, en leur rappelant qu'ils ne seront jamais vraiment chez eux dans les sociétés où ils se sont installés. Dès lors, si la violence islamiste est condamnée, la colère qui en est à l'origine ne l'est pas. On l'a constaté à l'automne 2020, après la décapitation de Samuel Paty, quand Justin Trudeau a affirmé, le 30 octobre 2020, que « la liberté d'expression n'est pas sans limites », un point de vue repris quelques semaines plus tard par le ministre du Patrimoine canadien, Steven Guilbeault, expliquant que « notre droit s'arrête là où la blessure de quelqu'un d'autre commence ». Ce point de vue n'avait rien d'étonnant : on pouvait le croire dicté par la peur, mais il ne détonnait en rien avec l'idéologie dominant dans la presse anglo-saxonne, qui mène depuis plusieurs années une campagne de dénigrement permanente contre la France, présentée comme une Union soviétique de l'Ouest tyrannisant ses minorités. Puisque l'islam se présente en Occident comme une religion minoritaire, sa critique doit être limitée et modérée. C'est un dispositif sociologique et idéologique relativement simple qui se met en place pour encadrer son examen critique : on tolérera ainsi la critique de l'islamisme, et ce, dans les termes le plus mesurés possible, à condition qu'elle soit clairement distincte de la critique de l'islam comme religion, qu'il faudra quasiment sanctuariser et qui parvient ainsi, même en France, à définir ses modalités d'inscription dans l'espace public, en définissant à quelles conditions et de quelle manière on peut parler de lui.

Le régime diversitaire et la théorie de l'identité sexuelle

La sacralisation de la parole minoritaire doit toujours aller plus loin, et le régime diversitaire est obligé, dans une forme d'engrenage victimaire, de trouver de nouvelles minorités à libérer pour relancer la dynamique de l'émancipation, ce qui n'est pas sans provoquer quelques tensions entre les minorités qui se chassent les unes les autres du trône de victime iconique. La question de l'identité sexuelle devient de ce point de vue le nouveau lieu où se nouent les interdits idéologiques du régime. Il ne s'agit évidemment pas de remettre en question la détresse des hommes et des femmes qui se sentent étrangers à leur identité sexuelle mais de constater que cette situation très marginale est instrumentalisée par le régime diversitaire, qui en fait le point d'appui d'une nouvelle poussée pour se radicaliser et accélérer la déconstruction des identités traditionnelles. Dans le panthéon commémoratif des minorités opprimées par l'ordre hétérosexiste patriarcal occidental, une nouvelle minorité s'ajoute, à tel point que l'on assistera à la promulgation d'un *Transgender Day of Remembrance*, le 20 novembre, censé rappeler chaque année la longue histoire de la persécution contre les personnes trans. La théorie du genre ne se contente pas de dire que la définition du masculin et du féminin varie au fil des époques et de constater leur relatif entremêlement dans l'âme humaine, mais entend simplement abolir cette distinction : il s'agirait de pures constructions sociales, fondamentalement arbitraires, s'imposant aux individus à la manière de corsets identitaires, à déconstruire pour les libérer de cette contrainte injuste et leur permettre de se définir sous le signe de l'autodétermination la plus absolue. On ne sous-estimera pas l'importance de cette théorie qui contribue à une forme d'effritement de la subjectivité, défragmentée à l'infini. La personne reconnaissant son identité de genre dans son identité sexuelle sera qualifiée de cisgenre – il ne s'agirait toutefois que d'une possibilité parmi d'autres dans la palette des identités de genre, qui peut se rendre jusqu'à cinquante, selon certaines catégorisations. La théorie du genre représente le point d'aboutissement de la tendance constructiviste des sciences sociales, qui décrète le caractère artificiel de toutes les formes naturelles, historiques et sociales. Tout est construction sociale et tout peut être déconstruit. Le naturel n'existe pas, le culturel est arbitraire. Ce qu'on prenait encore hier pour le sens commun ne serait en fait qu'un résidu du vieux monde, un amoncellement de préjugés. Derrière les constructions sociales, il n'y aurait qu'un flux insaisissable, immaîtrisable. Toute forme d'identité substantielle est perçue comme une assignation identitaire autoritaire, qu'il faudrait renverser pour permettre à la subjectivité de s'émanciper – ainsi, à la naissance, on ne reconnaîtrait pas le sexe d'un enfant, mais on le lui assignerait, dans un geste autoritaire, indissociable de l'ordre hétéropatriarcal. Telle serait la nouvelle norme à partir de laquelle il faudrait se représenter socialement la sexualité. Du socialisme scientifique, on passe au diversitarisme scientifique. A chaque époque son lyssenkisme. S'exprime à travers cela une conception absolutiste de la subjectivité : si je me sens femme, même si ma réalité biologique est autre, je suis en droit d'obliger la société à me voir tel(le) que je me perçois. La subjectivité tyrannique, affranchie de tout, susceptible au possible, dissout la réalité du monde dans le ressenti. Ce discours n'est pas sans effets sur la construction identitaire des nouvelles générations. La question parviendra même devant les tribunaux en Grande-Bretagne : dans quelle mesure peut-on juger valable le « consentement » d'un enfant ou d'un adolescent lorsque vient le temps d'engager une opération de réassignation sexuelle[19] ?

Plusieurs grandes figures de la classe politique se rallient à cette doctrine sans jamais la questionner sérieusement. Le maire de Londres, Sadiq Khan, résumera le tout d'une formule se voulant lapidaire et définitive : « *Trans women are women, trans men are men, non-binary people are non-binary, all gender identities are valid* » – « Les femmes trans sont des femmes, les hommes trans sont des hommes, les non-binaires sont des non-binaires, toutes les identités de genre sont valables. » Quant à Kamala Harris, dans les jours qui suivirent la victoire de son ticket avec Joe Biden, elle ajouta à son identité Twitter « She/Her », une « pratique visant à se positionner sur le spectre du genre en solidarité avec les personnes trans[20] », pour reprendre la formulation d'Eugénie Bastié, et à consacrer publiquement et formellement le droit de chacun à sa propre auto-identification, le genre s'affranchissant du sexe et se posant désormais exclusivement dans une logique d'autodétermination. De nouveaux pronoms sont mis en avant comme *ol, lo, ul, iel* et *ille*, pour désigner les personnes non-binaires. Le mouvement vers la transidentité serait toujours libérateur et à encourager, et ne devrait d'aucune manière être perçu comme le résultat d'un discours social poussant les jeunes générations en quête d'identité dans cette direction.

Si la question de l'identité sexuelle importe autant dans la croisade contre la haine, c'est parce qu'elle représente le point de tension maximal entre le régime diversitaire et ce que l'on croyait être la nature humaine, le premier contredisant et cherchant à étouffer ainsi radicalement la seconde. Le régime diversitaire teste à travers elle la capacité de résistance de la population et pousse le plus loin sa capacité à traduire en discours haineux la moindre réserve par rapport à ses prétentions, comme en témoigne le mauvais sort réservé en 2020 à la figure de J.K. Rowling, lorsqu'elle a rappelé qu'une femme n'est pas un homme et qu'il ne suffit pas de décréter qu'on change d'identité parce qu'on se sent appartenir à l'autre sexe pour que cela soit vrai. Et ce coup de force anthropologique s'impose à travers la manipulation orwellienne du vocabulaire. Le régime diversitaire ne tolère plus qu'on dise d'une femme qu'elle a ses menstruations : cette désignation serait terriblement discriminatoire. On doit plutôt parler, comme nous y invite le Planning familial français, d'une personne menstruée. De même, il sera recommandé de ne plus parler du lait maternel, mais du lait humain, pour éviter une formule supposément discriminatoire, ce qui n'est pas sans surprise quand on garde en mémoire que dans de nombreux pays occidentaux, au fil des dernières années, les termes père et mère ont progressivement été effacés du vocabulaire administratif, parce qu'ils seraient aussi des vestiges de l'ordre hétéronormatif. Mieux vaudrait parler de parent 1 et parent 2. Il s'agit, en quelque sorte, de désincarner jusque dans le vocabulaire la trace des corps sexués, considérée désormais comme relevant d'une anthropologie périmée. Homme et femme sont aussi appelés, progressivement, à se dissoudre, puisqu'ils feraient violence symboliquement aux personnes non-binaires. C'est seulement à ce prix qu'on pourra vaincre la « transphobie traditionnelle » des sociétés occidentales[21]. Cette révolution dans la conception de l'identité sexuelle a des conséquences sur l'organisation des compétitions sportives, des prisons ainsi que de nombreux domaines de l'existence sociale. Ne pas souscrire à cette science nouvelle relèverait de l'ignorance. « Malheureusement, écrira une activiste trans interpellant J.K. Rowling, je crois que l'éducation à la réalité LGBTQ+ actuelle vous échappe. Peut-être est-ce de la provocation ? De l'ignorance ? […] Si J.K. Rowling déclare que les femmes sont celles qui ont des "menstrues", j'ai le plaisir de vous apprendre que certains hommes trans ont encore un cycle menstruel et qu'à l'inverse certaines femmes cisgenres [nées biologiquement femmes en accord avec leur genre] n'en ont plus puisqu'elles ont été opérées en raison de maladies ; même, l'une de mes ancêtres n'a jamais eu de menstruations, ce qui ne l'a pas empêchée d'enfanter. Selon l'éducation populaire, les menstruations incarnent la "biologie féminine", mais les choses changent ; c'est là toute la beauté de la diversité sexuelle et de genre. Je vous assure que parler de mon utérus

– que j'ai encore – ne me dérange pas et n'affecte en aucun cas ma masculinité[22]. »

Ainsi, Enfant transgenre du Canada, qui se présente comme « un organisme de charité basé à Montréal qui soutient les enfants trans, non binaires et créatifs sur le plan du genre, leurs parents et leur famille », se dit engagé « dans divers milieux afin d'éduquer les communautés sur les réalités trans et non binaires chez les enfants » tout en se présentant comme « une référence pancanadienne en la matière ». Il s'oppose à ce que soit permise la critique de la théorie du genre dans les médias en prétextant s'opposer aux « articles mal informés et mensongers [qui] pullulent actuellement dans l'espace public, et […] contribue[nt] à détériorer la santé mentale des jeunes trans et non binaires. Ce type de discours violent légitime malheureusement les actes transphobes que les jeunes de notre organisme connaissent trop bien ». L'organisme assimile à un discours haineux l'ancrage de l'identité sexuelle dans la biologie. « Sous le couvert d'une soi-disant analyse biologique biaisée proposant une vision eugénique du corps féminin, il est primordial de se questionner sur les fondements idéologiques de cette pensée féministe radicale qui cherche à invalider les progrès légaux et l'avancée des droits de la personne au Québec et au Canada. » Qu'est-ce qu'une femme ? Cette question est radicalement détachée de la nature. « Le féminisme est au cœur de nos valeurs et nous luttons activement pour la sécurité de toutes les filles et de toutes les femmes, indépendamment de leurs organes génitaux internes ou externes (puisqu'il semble malheureusement utile de le préciser…)[23]. » Le non-binaire, plus en phase avec la fluidité identitaire que les individus encore prisonniers des catégories sexuelles traditionnelles, devient la pierre d'assise anthropologique du régime diversitaire[24].

La culture antifa

L'asymétrie morale au cœur du régime diversitaire est aussi visible à travers la mouvance antifa, particulièrement sensible pendant les émeutes de l'été 2020 aux Etats-Unis, mais qui s'est imposée dans la vie politique occidentale depuis le début des années 2000. A quoi l'extrême-gauche fait-elle référence lorsqu'elle prétend lutter physiquement contre le fascisme, quand on sait que ce dernier s'est effondré avec la fin de la Seconde Guerre mondiale et qu'on ne trouve plus que des groupuscules pour s'en réclamer directement ou indirectement ? Quel est le fascisme des antifascistes ? Mark Bray, un des intellectuels associés à la mouvance antifa, a voulu en écrire l'histoire et en théoriser la stratégie. L'antifascisme, aujourd'hui, se définit par sa lutte contre « le suprémacisme blanc et l'autoritarisme » et cherche à « construire des tabous sociaux qui empêchent le racisme, le sexisme, l'homophobie, et toutes les formes d'oppression sur lesquelles se fonde le fascisme, d'être au cœur du processus complexe de fabrique de l'opinion. Et pour maintenir ces tabous sociaux, il faut mettre en pratique [...] l'antifascisme du quotidien ». Particulièrement investie dans le combat pour l'abolition des frontières, et reprenant le slogan postulant que *no one is illegal*, la mouvance antifa étend la définition du fascisme jusqu'au conservatisme le plus modéré, gauche républicaine comprise. Mark Bray ajoute que « les antifascistes ont comme priorité de détruire le projet politique du fascisme et de protéger les vulnérables, qu'importe si on considère leurs actions comme des violations de la liberté d'expression des fascistes ». Il veut se faire bien comprendre : la violence contre les intellectuels et commentateurs de droite est justifiée : elle créerait un environnement fondamentalement dissuasif pour ceux qui voudraient contredire les tabous façonnés par les antifas. « A court terme, faire taire les fascistes peut leur apporter plus d'attention mais, à long terme, ils n'en tirent plus aucun bénéfice. En effet, le spectacle de fascistes qu'on fait taire, comme tous les spectacles médiatiques, s'affadit quand il se répète. La première fois, les médias en raffolent ; à la cinquantième, ils s'en lassent. » Mark Bray va même plus loin : « Plus on empêchera les Coulter et Yiannopoulos de prendre la parole publiquement, et moins le public s'en souciera. Les colonnes de commentaires des soldats de la liberté d'expression se tariront elles aussi en l'absence de nouveaux arguments et leur capacité à créer l'outrage s'atténuera. Les Coulter et compagnie en profiteront jusqu'à ce que la pression sur les groupes d'étudiants et les administrateurs qui les invitent soient telle qu'ils ne soient plus conviés. » En dernière instance, l'antifascisme sera un combat englobant la totalité de l'existence. « Chaque fois que quelqu'un prend position contre une intolérance transphobe ou raciste – en la dénonçant, en boycottant, en humiliant, en arrêtant une amitié –, il met un regard antifasciste en pratique et contribue à étendre l'antifascisme du quotidien et à repousser la vague de l'*alt-right*, de Trump et de leurs partisans. Notre but devrait être que, d'ici à vingt ans, ceux qui ont voté Trump soient bien trop mal à l'aise pour le dire à voix haute. On ne peut pas toujours changer les croyances de quelqu'un, mais on peut évidemment les rendre trop coûteuses politiquement, socialement, économiquement et parfois même physiquement[25]. » Contre un ennemi diabolisé, tout est permis, jusqu'à la violence. Les discours conservateurs créeraient un environnement répressif pour les minorités en quête d'émancipation et légitimeraient la violence antifa, qui serait une contre-violence, une manifestation de légitime défense.

L'érotisation de la violence politique est au cœur de l'imaginaire antifasciste, habité par le fantasme de la guerre civile, qui rêve d'une montée aux extrêmes censée dévoiler la nature violente de l'ordre social et réveillant les masses hébétées au point d'enclencher un processus de multiplication des crises aboutissant à un basculement révolutionnaire. C'est un trait propre de la psychologie antifa de légitimer cette pulsion nihiliste lui offrant un exutoire politique qui, par ailleurs, l'ennoblit. Ceux qui s'ennuient en démocratie y trouvent la possibilité d'un héroïsme à bon marché, où la violence devient symbole d'authenticité. Les hommes et les femmes en quête de radicalité peuvent s'y investir en goûtant aux plaisirs de la clandestinité encagoulée et de l'aristocratie militante qui entend s'investir dans tous les conflits sociaux pour les radicaliser, ce qui n'est pas sans rappeler l'esprit sectaire tel que l'avait défini Roger Caillois. Andy Ngô[26] a par ailleurs démonté le mythe d'une jeunesse antifasciste qui proviendrait majoritairement des beaux quartiers, comme si la progéniture des bourgeois représentait le principal bassin de recrutement des antifas. Le recrutement des antifas se fait surtout dans les milieux désocialisés engendrés par la modernité radicale. Ce sont des enfants du lumpenprolétariat universitaire, et autres militants victimes de la déstructuration psychique à grande échelle des sociétés occidentales, qui trouvent dans cet engagement violent une forme de rédemption, leur promettant une participation à l'avant-garde révolutionnaire. Dans l'espoir de dévoiler la nature fasciste de l'ordre bourgeois et de pousser la société à une répression qui aboutirait à une querelle des extrêmes, la mouvance antifa obligerait ainsi les citoyens zombies à se réveiller et à prendre son parti, dans une lutte à mort entre le bien et le mal. Les provocations antipolicières qu'elle multiplie ont pour but de pousser les forces de l'ordre à commettre des excès qui conduiraient la population à se retourner contre elles. La mouvance antifa cherche à radicaliser les tensions sociales et représente un lieu de concentration des pulsions violentes normalement refoulées par la démocratie libérale. L'extrême-gauche rêve en effet d'affronter physiquement l'extrême-droite, comme si la politique renouait avec une certaine forme de virilité lorsqu'elle abandonne les illusions de la conversation civique et démocratique. Elle mise sur un activisme sans relâche, et l'expérience politique qu'elle propose est de mode sectaire, permettant à ceux qui s'y engagent de se voir comme des illuminés héroïques plongés dans un combat à mort contre une société qui n'avouerait pas sa propre violence et qu'il faudrait donc provoquer pour qu'elle montre son vrai visage et puisse enfin tomber.

La mouvance antifa pose une question sérieuse aux démocraties, lesquelles consentent à lui accorder, au moins partiellement, une certaine légitimité en l'appelant par le nom qu'elle revendique. Ceux qui se demandent comment on peut critiquer des groupes s'opposant au fascisme endossent sans même s'en rendre compte la définition que les antifascistes donnent d'eux-mêmes. Cette complaisance relative vis-à-vis de la violence antifasciste donne à penser que le régime diversitaire s'oppose moins à la violence politique qu'à son usage par les groupes auxquels il n'accorde pas ce privilège. La mise en récit médiatique de la violence antifasciste est ainsi systématiquement relativisée, et même inversée. Comme on le constate régulièrement aux Etats-Unis, quand les antifas lancent un assaut, le récit est à peu près toujours le même. On parlera de manifestations violentes, ou encore d'échauffourées entre antifascistes et extrémistes de droite. Le récit dominant est celui d'un affrontement entre bandes extrémistes, l'une plus légitime que l'autre, ce qui revient à accorder aux antifas un avantage moral fondé sur l'acception implicite de la définition du fascisme qu'ils proposent. On le voit aussi au Québec. « Je suis préoccupée par la manifestation d'extrême-droite [...]. Je ne pense pas que de mettre des néonazis dos à dos avec des antifascistes, ce soit une bonne stratégie de contrôle de foule », déclarera ainsi en 2018 Nathalie Goulet, la responsable du service d'ordre de la Ville de Montréal[27]. Une semblable mise en récit médiatique s'est déroulée à Toulouse début 2020, lors d'un événement réunissant deux figures de la droite étiquetée populiste attaqué par les antifas. Les médias évoquèrent de violents incidents mettant en scène « antifascistes » et « extrême-droite », comme s'il fallait présenter deux bandes également organisées. L'association qui devait accueillir l'événement s'est, elle aussi, insurgée publiquement, non pas contre les vandales qui avaient voulu saccager les lieux et blesser les participants, mais contre la conférence elle-même, où se seraient tenus des propos inadmissibles selon l'idéologie dominante[28]. L'agresseur, ici, n'est plus qu'un protagoniste sur deux d'une rixe dont il ne serait finalement pas responsable, les extrêmes étant appelés naturellement à s'entre-choquer. La faute est diluée, pour ne pas dire niée. Quand la violence vise des personnalités politiques associées au populisme, des intellectuels dissidents, un car de pèlerins catholiques ou une librairie de droite[29], elle suscite rarement une indignation géné-ralisée. A cause de leurs idées « nauséabondes », les victimes méritent leur mauvais sort. Si l'anti-fascisme a la cote, c'est qu'il représente la version milicienne de l'idéologie diversitaire qui assimile systématiquement toute résistance résolue à son endroit à du fascisme. Au-delà de la complicité organisationnelle fantasmée entre le régime diver-sitaire et cette mouvance, c'est la complicité idéo-logique qu'il faut noter.

La gauche libérale et la « cancel culture »

Le sentiment général qui s'installe partout dans le monde occidental est celui d'une régression sans précédent de la liberté d'expression. La poussée de la gauche woke en 2020 et le climat de censure qu'elle installe partout, en prétendant faire taire ses contradicteurs au nom des exigences de l'émanci-pation, a suscité dans la presse anglo-saxonne une réaction assez vive de la gauche libérale, désor-mais révoltée contre la *cancel culture* et n'hésitant plus à recourir pour la qualifier à des comparaisons historiques telles que la Terreur de 1793, les bolcheviques en 1917 ou les Gardes rouges de Mao à la fin des années 1960. L'Histoire n'est pas sans ironie, dans la mesure où au cours des dernières décennies, cette même gauche libérale a participé à l'entreprise de disqualification de ce qu'elle appelle la droite, en reconduisant rituellement son expulsion symbolique de l'espace public en l'extrême-droitisant. Mais la logique du clivage gauche-droite étant ce qu'elle est, le centre-gauche d'hier est appelé à devenir la droite d'aujourd'hui et l'extrême-droite de demain sans jamais changer d'un iota ses idées. Elle se découvre dans le mauvais rôle et sonne le tocsin au nom de la liberté d'expression. La révolution, toujours, dévore ses enfants. Le wokisme, interprété par plusieurs comme un conflit générationnel au sein des gauches, a poussé cent cinquante personnalités associées globalement à la gauche classique à signer une tribune dénonçant la *cancel culture*[30]. Si elles disent se reconnaître dans l'horizon moral de la gauche woke, elles en contestent les méthodes et plaident pour une éthique du débat. Avec la percée de la gauche woke, elles craignent de subir à leur tour la censure. Car l'extension du domaine de la haine les touche désormais : elles se révoltent donc et reprennent à leur manière la critique du politiquement correct, sans pour autant se rallier aux conservateurs qui la mènent depuis les années 1980 et qui ont documenté par étapes successives son

institutionnalisation. La gauche libérale les soup-
çonne d'être animés par de coupables intentions et
une inquiétante nostalgie. Leur défense de la liberté
d'expression serait intéressée. Ils usurperaient leur
rôle de défenseurs des libertés et, au fond d'eux-
mêmes, ne rêveraient que d'un retour à l'ordre
moral d'antan, dont ils pourraient enfin redevenir
les gardiens. On retrouve cette stratégie rhétorique
aussi bien au Québec qu'en France, dans la gauche
républicaine. Caroline Fourest, parmi d'autres, écrit
ainsi qu'une « critique constructive de la "politique d'identité" ou du "politiquement correct"
ne viendra pas du camp conservateur. [La droite
conservatrice] ne dénonce la tyrannie des minorités que pour restaurer le règne des privilégiés.
Elle ne pointe les travers du multiculturalisme que
pour revenir au monoculturalisme. Ne se plaint du
"politiquement correct" que pour pouvoir éructer
librement. L'alternative, la vraie, ne peut venir que
d'antiracistes sincères ». Devant le politiquement
correct, selon elle, les conservateurs « se frottent
les mains. Car [il] leur donne le beau rôle de cham-
pions des libertés[31] ». Le conservatisme aurait-il vu
juste depuis le début que cela ne compte pas, car
il aurait vu juste pour de bien mauvaises raisons.
La gauche libérale réclame le monopole de l'inter-
prétation de ses propres dérives ou de son propre
aveuglement. Il faut avoir été de gauche pour avoir
le droit de ne plus l'être. Il s'agit d'un schème
historique récurrent. Tant que l'anticommunisme
était porté par la « droite », il était réactionnaire.

Il est devenu légitime quand les progressistes s'en sont emparés. Il en est de même pour la critique de l'islamisme et du multiculturalisme. Il n'en demeure pas moins qu'à demi-mot la gauche libérale américaine désignait le nouvel ennemi principal des démocraties libérales. On revient ainsi à la tribune des cent cinquante. Questionné par un journaliste du *Monde* qui demandait rituellement : « Pourquoi viser la gauche, alors que c'est l'extrême-droite qui se livre le plus ouvertement à l'intimidation et à la violence ? », Thomas Chatterton Williams, l'un de ses instigateurs, répond : « Les idées de gauche dominent au sein des institutions culturelles, médiatiques et universitaires. Ces institutions ont un fort pouvoir de prescription afin d'établir quelles sont les normes sociales jugées acceptables. La propagation de l'intolérance dans ces milieux doit donc nous préoccuper, car ce phénomène pourrait demain s'inviter dans le débat politique[32]. » Demain, c'est maintenant. Puisqu'il s'agit de refouler le mal et d'en finir avec le malin, la lutte contre la haine transforme la science politique en extension de la démonologie et la politique en poursuite de l'exorcisme par d'autres moyens.

Conclusion

Le sexe des anges
et la révolution racialiste

Vous avez peur d'être minoritaires culturellement.
N'ayez pas peur de quelque chose qui va se passer. L'Europe
va muter. Cette mutation peut être effrayante pour certains
mais ils ne seront plus là pour voir l'aboutissement.

Léonora Miano (2013)

Le changement capital en cours survient au sein de la région
montréalaise où un nouveau rapport majorité-minorités
émerge, mais inversé : ce sont en effet les anciennes
« minorités » qui sont en train de devenir majoritaires. Les
données démographiques, encore une fois, en témoignent.
Dans la grande région de Montréal, 40 % de la population
est maintenant formée d'immigrants. Pour ce qui est de l'île
elle-même, la population de langue maternelle autre que
française y est déjà majoritaire depuis quelque temps.

Gérard Bouchard (2019)

L'histoire est entrée dans la légende des civilisations : le 29 mai 1453, alors que Constantinople
s'apprêtait à tomber sous l'offensive ottomane,
ses grands savants discutaient du sexe des anges,
un problème théologique apparemment captivant
alors que leur monde était au seuil de l'effondrement. Toute comparaison historique a ses limites,
mais il peut être tentant de rapprocher cette situation de celle des sociétés occidentales emportées
par une querelle qui ne fait que s'amplifier sur
la véritable nature de l'identité sexuelle. Alors
que le monde occidental est témoin de la montée
du racialisme et connaît des migrations massives
entraînant une mutation démographique inédite à
l'échelle de l'Histoire, il se demande si l'homme et
la femme existent réellement. On aimait dire, en
Grande-Bretagne, que le Parlement pouvait tout
faire sauf transformer un homme en femme : c'était
une manière de concéder que si l'être humain a
pour vocation d'aménager le monde, il ne saurait
le créer, ses coordonnées de base lui échappent à
jamais. La théorie du genre, hier encore excentri-
cité académique, est aujourd'hui la matrice à partir
de laquelle le système médiatique pense le masculin et le féminin et, plus largement, travaille à
dissoudre toutes les identités. Au cœur même de
la fabrique idéologique du régime diversitaire,
elle s'impose comme une nouvelle orthodoxie. Ce
serait une erreur de méthode toutefois de croire
qu'il s'agit d'une simple évolution des mentalités.
On ne saurait prendre au sérieux la guerre cultu-

relle au cœur de la politologie américaine, qu'on nomme en France le combat métapolitique, sans prendre au sérieux l'institution où il se mène. C'est le statut de l'Université, qui représente le noyau idéologique du régime diversitaire, qu'il faut examiner pour comprendre la rapidité de la diffusion de cette théorie et de plusieurs autres.

Car l'Université n'habite pas seulement un monde parallèle : elle en fabrique un où elle force la société à basculer et parvient à interdire par la maîtrise et la surveillance du langage public qu'on en sorte. Elle fabrique un réel de substitution, fondé sur une épistémologie radicalement constructiviste, qui artificialise intégralement l'existence humaine, comme si elle était purement plastique, et ne permet qu'on l'aborde qu'après l'avoir idéologiquement reconstruite de part en part. C'est dans les sciences sociales que s'élabore l'idéologie dominante de notre temps. En d'autres termes, elles ne se contentent pas de légitimer l'idéologie dominante, mais elles la produisent en fabriquant ses concepts et les représentations du monde : elles produisent un savoir nouveau sur le monde, censé transformer fondamentalement notre rapport à l'existence, dans une perspective émancipatrice. Le réel, ici, n'est qu'un fantasme réactionnaire et la nature, une fiction idéologique au service du patriarcat. Les sexes n'existent plus qu'à la manière de résidus biologiques. On décrète aussi l'inexistence des peuples, des nations, des civilisations, des religions, comme si le fantasme de la table rase se redéployait dans le langage de la sociologie. Le constructivisme représente la condition de possibilité théorique du totalitarisme. Ce n'est pas sans raison que les conservateurs qui critiquent la théorie du genre y voient une pathologie du rationalisme moderne, qui avait formulé le projet d'une connaissance scientifique intégrale de la société, mais a cédé à une certaine forme d'*hubris* intellectuelle. A travers tout cela, l'intelligence s'emporte et l'homme se laisse gagner par la tentation du démiurge : il n'entend plus seulement aménager le monde, le transformer, l'améliorer, le réformer, mais le recréer intégralement, par la seule puissance de sa volonté. Il s'agit, au sens propre, d'un délire de toute-puissance qui repose sur un oubli de la finitude. Il n'y a plus de mystère du monde, pas plus qu'un fond d'opacité au cœur de la société : la sociologie contemporaine croit rendre la société absolument transparente à elle-même en dévoilant tous les mécanismes qui la constituent. Les meilleurs esprits ont rappelé les limites du rationalisme dans les sciences sociales. La société ne peut jamais être entièrement connue. Une société n'est jamais le fruit d'une planification rationnelle intégrale et la connaissance que peut en avoir l'homme demeure partielle et limitée. Elle n'est absolument pas transparente à elle-même, la culture comportant une dimension irréductiblement symbolique qui ne se laisse pas manipuler selon les codes de l'ingénierie sociale. C'est ce que nous disait Paul Ricœur, qui parlait du noyau éthico-mythique de chaque peuple et de chaque civilisation.

L'Université : noyau idéologique du régime diversitaire

La grande passion occidentale est aujourd'hui la désincarnation : c'est en s'arrachant à soi-même que l'homme occidental croit pouvoir remonter le temps avant la chute dans l'Histoire et retrouver sa pureté perdue. Il veut s'abolir, comme en témoigne aussi l'idéologie spéciste, qui rêve de le déloger de sa place privilégiée dans la création, comme s'il n'était plus qu'un ver ou une nuisance sur terre. La dissolution de la spécificité humaine dans le vivant comme catégorie englobante représente le point d'aboutissement de la logique de déconstruction, qui révèle alors un fantasme d'anéantissement. C'est une crise métaphysique qui frappe une civilisation occidentale ne sachant plus ce qu'elle doit tenir pour réel. Comme l'anticipait Chesterton au début du siècle dernier, « nous sommes en voie de produire une race d'hommes trop modestes mentalement pour croire à la table de multiplication ». Peut-être avait-il même anticipé la théorie du genre en écrivant que rien n'existe sinon « un flux de tout et de n'importe quoi[1] ». Depuis sa chute dans l'Histoire, depuis l'origine du monde social, l'humanité serait aliénée : elle ne se délivrera qu'à travers un geste recréateur de nature

révolutionnaire, qui marquerait la fin de son aliénation sur terre. Il faudrait créer une tout autre
vie, n'ayant plus rien à voir avec celle que nous
avons connue. Le régime diversitaire engendre une
névrose à grande échelle, un monde en apesanteur,
ne tenant plus que sur des illusions. Il crée un
monde parallèle, idéologiquement commandé et
juridiquement codifié, dans lequel l'humanité est
invitée à se redéployer, à se réinventer, à transformer ce qui semblait relever de la nature humaine,
soit de l'immodifiable en l'homme. Et les idées
ont des conséquences : loin de relever exclusivement des nuées académiques, elles mordent sur
la réalité, d'un pays à l'autre elles modifient les
catégories administratives et juridiques qui définissent celle-ci. Dans la jeune génération, la volonté
de s'arracher à la nature sexuée de l'humanité se
présente comme l'ultime geste d'affranchissement
existentiel[2]. Cette génération, perpétuelle offensée
qui voit partout des micro-agressions, n'habite plus
le monde réel mais un fantasme dont elle peine à
se dépêtrer et dans lequel le régime cherche autant
qu'il peut à la tenir enfermée. On en trouve même,
chez les *social justice warriors* et autres militants
du wokisme, qui confessent leur fragilité existentielle : ayant pensé porter le poids du monde sur
leurs épaules, et cru devoir lutter contre toutes
les injustices qu'ils s'imaginaient débusquer ou
repérer, ils s'écroulent lorsqu'ils constatent, à leur
grande surprise, que la réalité n'est pas malléable
au simple gré de leurs désirs. Le simple fait d'en-

tendre un mot leur déplaisant peut les plonger dans une détresse émotionnelle. Pour reprendre les termes d'une militante féministe se reconnaissant dans cette mouvance, « bien des militants pour la justice sociale sont prompts à admettre souffrir de dépression, d'anxiété, de stress post-traumatique, de troubles alimentaires ou de troubles de la personnalité. Cette fragilité se traduit parfois même dans leur façon de présenter les enjeux comme des atteintes à leur quiétude, à leur bien-être ou à leur sécurité[3] ». C'est ce qu'on appellera la *fragilité mentale* du woke.

Il y a au cœur de l'Université occidentale une prime institutionnalisée à la radicalité – celui qui va le plus loin dans la théorisation du rejet de la civilisation occidentale et de ceux qui l'incarnent passe pour le plus audacieux penseur, comme en témoigne le parcours d'une Judith Butler, passée en quelques années de la marge académique à la reconnaissance intellectuelle internationale. On trouve même des professeurs pour soutenir que « la parole des étudiants interrogés permet de se questionner sur le rôle de l'université dans la transmission d'un savoir-être lié à l'inclusion à travers la pédagogie universitaire et le curriculum afin d'éviter de reproduire de manière inconsciente une idéologie blanche[4] ». Les champs d'études fondés sur sa déconstruction revendiquée se multiplient. Paul B. Preciado, qui se veut à l'avant-garde théorique de ce mouvement et dont la philosophie pousse jusqu'à ses extrêmes limites le désir d'un anéantissement du monde, incarne bien cette posture. « Le mouvement de Vie indépendante refuse la pathologisation des différences corporelles ou neurologiques. Là où le mouvement queer ou black analyse et déconstruit les processus sociaux et culturels qui produisent et établissent les relations d'oppression sexuelle, de genres ou de races, le mouvement pour la diversité fonctionnelle montre que le handicap n'est pas une condition naturelle, mais l'effet d'un processus social et politique de "handicapisation" ou "décapacitation". Le monde sonore n'est pas meilleur que le monde sourd. La vie bipède, verticale et mobile n'est pas une vie meilleure sans l'architecture qui la rend possible. » Il précise que « la bataille commence par la désidentification, par la désobéissance, et non par l'identité ». La chaîne d'équivalence démocratique entre les exclus appelée autrefois par Mouffe et Laclau est théorisée à travers la sociologie intersectionnelle qui représente l'assise intellectuelle du régime diversitaire qui s'alimente des polémiques ubuesques pour justifier chaque fois son redéploiement. Paul B. Preciado se veut insistant : « Mais où sont les nouveaux féministes ? Qui sont les nouveaux tuberculeux et les nouvelles suffragistes ? Il nous faut libérer le féminisme de la tyrannie des politiques identitaires et l'ouvrir aux alliances avec les nouveaux sujets qui résistent à la normalisation et à l'exclusion, aux efféminés de l'Histoire ; aux citoyens de seconde zone, aux apatrides et aux franchisseurs ensanglantés de murs de barbelés de Melilla[5]. »

La Révélation diversitaire doit renouveler le regard sur toutes les dimensions de l'existence : rien ne doit y échapper. La querelle de l'écriture inclusive est de ce point de vue très révélatrice. Elle ne touche plus exclusivement l'université mais pénètre l'administration publique peu à peu[6]. Comme l'écrivait Suzanne Zaccour qui en fait la promotion, « la primauté du masculin n'est pas intrinsèque à la langue française. Elle est plutôt le résultat d'une lutte menée par des grammairiens, des auteurs et des savants misogynes ». Le rêve d'une « grammaire non sexiste de la langue française » se présente sous le signe de la libération et de la décolonisation sexuelle. « Réapprendre à parler et à écrire, alors qu'on se débrouillait très bien dans la langue des hommes depuis notre tendre enfance, ne se fait pas sans effort[7]. » Le reconditionnement est un travail de tous les instants, en se surveillant idéologiquement, en remplaçant les marqueurs « genrés ». L'administration montréalaise, qui s'y est ralliée, est formelle : « Au XXIe siècle, il est temps de revoir notre façon de s'exprimer pour assurer l'inclusion des divers types de genre humain. » Les fonctionnaires municipaux sont appelés à suivre une formation linguistique pour apprendre à écrire la novlangue inclusive. Il suffira peut-être d'écrire correctement, en respectant la langue française et non pas la novlangue, pour entrer en dissidence, pour devenir réactionnaire, et plus encore dans l'Université, où elle parvient à s'imposer et même à devenir la norme des deux côtés de l'Atlantique – elle se présente comme un signe ostentatoire de ralliement au régime diversitaire. A tout le moins, qui ne se soumet pas à ses codes s'affiche comme un individu non idéologiquement réformé, comme un citoyen réfractaire, comme un dissident orthographique. Le combat pour une grammaire non sexiste nous ramène au fantasme d'une plasticité intégrale du réel : aucun domaine de l'existence sociale ne doit pouvoir se dérober à sa reconstruction idéologique. La langue anglaise est aussi prise d'assaut, moins au nom de l'antisexisme que de l'antiracisme – par exemple, le remplacement aux Etats-Unis des termes *latino* et *latina* par *latinx*, censé permettre une meilleure inclusion symbolique et sociale des latinos non-binaires. On en a même trouvé, au Congrès américain, début 2021, pour compléter « *amen* » par « *a-women* », ce qui témoigne à la fois de la portée de la névrose inclusive et de l'impérialisme culturel anglo-saxon qui en vient même à réduire les mots d'origine étrangère à leur sonorité en anglais. Le régime diversitaire prétend fabriquer un nouveau peuple, formaté dans ses catégories idéologiques et socialisé dans son univers symbolique, et parachever son entreprise en inventant une novlangue permettant de traduire sa vision du monde et de rendre inconcevable l'ancienne.

En fait, la névrose identitaire-victimaire est indissociable d'une mutation des conditions même de production du savoir académique, qui maquille aujourd'hui une forme de moins en moins subtile d'activisme. Et si les canulars universitaires sont récurrents et démontent chaque fois les lubies qui dominent un milieu enduisant la moindre de ses élucubrations d'un vernis scientifique, il n'en demeure pas moins que l'idéologie diversitaire continue de se déployer. Qui ne s'y plie pas sera laissé aux marges de l'institution, à la manière d'un intellectuel égaré, décrété non scientifique et probablement suspect. La critique de l'orthodoxie diversitaire se situe à l'extérieur du périmètre de la respectabilité académique. Evidemment, on trouve dans les sciences sociales comme ailleurs des dissidents, des penseurs qui refusent de voir le monde au travers des lunettes théoriques de leur milieu. Mais les institutions sont ainsi organisées qu'un jeune chercheur qui s'opposerait ouvertement à l'idéologie diversitaire aurait peu de chances d'y faire carrière. De même, s'il s'oppose à l'idée selon laquelle les nations ne sont que des constructions sociales à déconstruire. Alors la plupart envoient des signes ostentatoires d'adhésion au discours dominant. Et, un jour, finissent par y croire. Ils adoptent les convictions de leur plan de carrière. Toutefois, au cours de leur vie professionnelle, certains universitaires peuvent en venir à rompre avec les contraintes idéologiques de leur milieu et, généralement, en paient le prix. Ils seront assurément traités comme des parias. Comme l'écrivait Julien Freund, « le courage se manifeste aussi dans les circonstances obscures, humbles et triviales, d'une réunion universitaire[8] ».

Qui veut la dénationalisation veut la racialisation

Dans un ouvrage qu'il voulait raisonnable et pondéré sur l'immigration, le démographe François Héran s'est permis l'affirmation suivante : « Puisque le témoignage direct semble faire foi pour beaucoup, je vais donner le mien. Par ma seule expérience de visu, je suis incapable de dire si la France des années 1960 recevait plus d'immigrés que la France actuelle[9]. » On verra dans cette affirmation relevant de l'humour involontaire un signe particulièrement évocateur de l'orwellisation massive de grands pans des sciences sociales et de la lyssenkisation des esprits qui caractérise la nomenklatura universitaire. Il n'est malheureusement pas le seul à tenir de tels propos. Tout le travail de la sociologie contemporaine consiste à produire des concepts écrans pour rendre impensables et invisibles la réalité et les faits dominants de l'histoire présente. On pourrait dire qu'elle s'enfonce dans un puits théorique sans fond qui déréalise intégralement son regard : Jean-François Braunstein a raison de dire que la philosophie devient folle[10]. Pour renverser une formule de Péguy souvent citée dans le paysage intellectuel français, il s'agit surtout, désormais, pour faire carrière et gagner ses galons de savant officiel, de ne pas voir ce qu'on voit. Mais les nuées, toujours, finissent par se dissiper, et le réel par frapper à la porte. On a beau détourner le regard, décréter à coups de théories sophistiquées qu'il n'existe pas, il finit toujours par l'emporter. La révolution racialiste est le fait historique central des années présentes : elle transforme la définition qu'ont d'elles-mêmes les sociétés occidentales. A travers elle, le régime diversitaire se radicalise, comme s'il entrait dans son 1793. Après avoir cherché dans les précédents chapitres à comprendre la révolution racialiste comme elle se comprend, il faut désormais chercher à voir ce dont elle est le symptôme et ce qui la rend possible : il faut l'aborder comme un basculement dans l'histoire d'une civilisation. Que s'est-il donc passé pour que la race revienne ainsi hanter la vie des sociétés occidentales ? Sommes-nous vraiment témoins d'un retour du refoulé ? La race est-elle la vérité de l'histoire de l'homme, que nulle société ne pourrait durablement oublier sans qu'elle ne se rappelle à elle de la plus brutale manière ? Ces questions qui s'accumulent hantent d'autant plus le monde occidental contemporain qu'il avait justement cru sceller à jamais la conscience raciale sous l'expérience traumatique de l'hitlérisme, qui a montré la barbarie dont elle était porteuse.

Qu'est devenu l'antiracisme ? Cette question hante en France une génération qui avait cru y voir le combat moral le plus irréprochable. La thèse d'une mutation de l'antiracisme revient en boucle :

l'antiracisme d'aujourd'hui renierait même celui d'hier. Le premier se voulait universaliste et attaché à la déconstruction des discriminations raciales, le second miserait sur l'exacerbation de la conscience raciale et déboucherait sur un racisme antiblanc revendiqué, dans la mesure où c'est en faisant tomber la « suprématie blanche » qu'on pourrait construire une société véritablement inclusive. L'un n'aurait rien à voir avec l'autre. Le premier voulait abolir la race, le second voudrait plutôt abolir la race blanche[11]. Autrement dit, la « gauche identitaire » trahirait la gauche. Mais cette critique formulée par les vétérans de SOS Racisme manque de perspective historique dans la mesure où l'antiracisme des années 1980 étendait son procès du racisme jusqu'à la nation, sauf à la définir dans la matrice du patriotisme constitutionnel habermassien ou d'un républicanisme exclusivement arqué sur le culte des droits de l'homme. L'antiracisme des années 1980, autrement dit, était déjà un antinationisme, comme l'avait noté Pierre-André Taguieff. Le premier antiracisme avait d'ailleurs lui-même contribué à l'exacerbation délibérée de la conscience raciale, comme on a pu le voir par exemple en 1998 avec la célébration de la France black-blanc-beur, une manière de la définir qui versait explicitement dans la mise en valeur des identités ethniques. Toute définition substantielle de la nation était associée au racisme, et pour cela condamnée. L'extrême-droitisation du nationalisme, même dans ses formes les plus démocratiques, constitue le fait idéologique majeur des années 1980 et 1990. Paul Yonnet l'avait pourtant rappelé dès 1993 : c'est justement la nation qui crée les conditions de possibilité de l'universalisme. Il n'y a jamais d'accès à l'universel sans médiation : c'est à partir d'une langue, d'une culture, d'une histoire, d'un univers de sens que l'homme se projette dans le monde et embrasse l'humaine condition. C'est la nation qui fixait un cadre collectif symboliquement chargé vers lequel les hommes pouvaient se tourner pour nouer encore un rapport politique substantiel, répondant à leur besoin d'appartenance[12]. Sans elle, l'universel était condamné à se transformer en référence vide de sens, désincarnée, n'ayant plus d'emprise sur la vie concrète, sauf celle des prétendus citoyens du monde. La nation elle-même, réduite à une définition strictement artificielle et administrative de la citoyenneté, tendait terriblement à se désincarner, la nationalité étant de plus en plus détachée de tout principe d'acculturation. La République donne une forme politique particulière à la nation mais ne saurait s'y substituer. La souveraineté populaire sans peuple historique devient une fiction se prêtant à toutes les manipulations idéologiques. Une nation qui toujours s'accuse, se maudit, se décrète sans avenir et ne rêve plus que de se fondre dans le grand tout mondialisé ou n'être plus qu'une province mentale de l'empire américain n'est certainement pas appelée à inspirer ceux qui y naissent et ceux qui la rejoignent. Et la nation qui se décompose ne fait pas disparaître le besoin d'appartenance, qui se reporte vers des identités dispersées, comme en témoigne la poussée des communautarismes.

Mais on ne saurait réduire cette mutation à un simple mouvement idéologique. Comment la nation pouvait-elle toutefois ne pas s'effondrer, dans la mesure où l'immigration massive ne respectait d'aucune manière ses capacités d'assimilation et d'intégration, qui ne relèvent pas exclusivement du volontarisme politique mais aussi d'une dynamique sociologique permettant à ceux qui la rejoignent de s'approprier ses mœurs et ses codes ? C'est dans la mesure où les processus sociaux poussent à l'intégration substantielle que la nation conserve sa force d'attraction sur les populations nouvelles qui s'y installent. Lorsque ce n'est plus le cas, une dynamique d'ethnicisation des rapports sociaux s'engage presque inévitablement. Détachés de leur substrat culturel et civilisationnel, les principes liés à l'universalisme viennent à entrer en contradiction avec les particularismes des sociétés qui les ont adoptés et revendiqués, dans la mesure où ces marqueurs identitaires apparaissent désormais comme autant de systèmes discriminatoires à l'avantage des natifs qu'il devient urgent de démonter, et que l'on range désormais sous l'appellation de « privilège blanc ».

Aristote invitait ceux qui s'intéressent à la chose politique à s'interroger sur le régime qu'une société se donne pour la comprendre. Car le régime, loin de simplement fournir une organisation technique à une société, la formate, et la chose est encore plus vraie dans les démocraties occidentales travaillées par l'Etat providence, un appareil administratif puissant prétendant encadrer les relations sociales et déterminer les paramètres mentaux de la socialisation des générations futures. De ce point de vue, la valorisation sur un mode victimaire des identités communautaristes à laquelle se livre le régime diversitaire ne peut que favoriser leur surgissement au cœur de la vie publique. Le réveil de la conscience raciale est en partie lié au régime diversitaire, qui fait tout pour l'exciter en reprogrammant les catégories de l'action collective et qui pousse les individus à s'affilier sur le mode communautariste, ce qui revient à dire que c'est l'Etat lui-même qui produit aujourd'hui la conscience raciale en faisant de sa revendication une manière d'accéder à l'espace public et un mode privilégié de promotion sociale, tout en recodant la logique des droits dans celle du différentialisme. Le décolonialisme racialiste devient même la porte d'entrée dans l'espace public d'une partie de la frange militante des jeunes générations issues de l'immigration, et parvient, comme on le voit avec le parti travailliste britannique, Québec solidaire ou la France insoumise, à s'intégrer à la vie politique en se greffant à l'aile gauche des partis de gauche, qui y voient l'occasion d'acquérir une radicalité nouvelle et d'élargir à la fois leur base électorale. Le régime diversitaire segmente la population en catégories identitaires à satisfaire et, par ailleurs, pousse l'ensemble des acteurs sociaux à agir de même, en multipliant des mesures plus ou moins coercitives qui se veulent correctrices sur le plan de la représentativité, et les politiques de financement communautariste censées favoriser l'émergence sociale et économique des catégories jugées discriminées, comme l'a annoncé Joe Biden dans les jours précédant son entrée à la Maison-Blanche.

La question raciale travaille effectivement l'histoire des Etats-Unis et est indissociable de leur structure sociale, et nul ne saurait dédramatiser la situation des Noirs américains. Il est toutefois plus étonnant de voir qu'en l'espace de quelques années l'imaginaire sociologique du racialisme ait franchi aussi rapidement les frontières américaines, au nord comme à l'est, au point même de traverser l'Atlantique, comme si les autres sociétés occidentales se mettaient à repenser leur expérience et leur situation historique selon des grilles d'analyse n'ayant rien à voir avec leur réalité. La névrose raciale américaine s'est ainsi exportée partout dans les sociétés occidentales et touche particulièrement la France. Que l'Amérique colonise mentalement le monde, le fait est entendu mais, comment expliquer, au-delà de leur imprégnation culturelle, la disponibilité des sociétés occidentales pour cette reconfiguration de leur imaginaire autour de la question raciale ? On touche ici la question de leur mutation démographique sous la pression d'une immigration massive qui a transformé radicalement leur composition en très peu de temps. Autrement dit, le régime diversitaire ne travaille pas à partir d'une société inerte : son pouvoir sur la matière sociale n'est pas absolu et c'est seulement dans la mesure où les sociétés occidentales sont frappées par une série de vagues migratoires qui amènent non plus des individus mais des communautés à s'installer à l'intérieur de leurs frontières qu'elles sont affectées par cette dynamique de racialisation. La nation, que le régime diversitaire a travaillé activement à dissoudre, ne parvenant plus à intégrer ces communautés, l'identité raciale, à la manière d'une identité à prétention primordiale, remonte à la surface. Les observateurs devraient pourtant noter qu'une immigration massive ne respectant pas les capacités d'accueil d'une société donnée est appelée presque inévitablement à engendrer une ethnicisation puis une racialisation des rapports sociaux. A l'échelle de l'Histoire, la simple question du nombre allait finir par peser. Dès 1991, Julien Freund avait eu une vision du monde à venir : « Il existe un intégrisme qui se développe dans le monde entier et il faut le mettre en relation avec ces phénomènes de diaspora actuelle. [...] Sociologiquement, il y a là une nouvelle situation dont on ignore le développement ultérieur. C'est un phénomène mondial et personne n'y réfléchit. S'il y a encore une multiplication des diasporas, la stabilité des sociétés peut être mise en cause. Evolueront-elles vers l'intégration à la deuxième génération ou vers un intégrisme religieux pour conserver leur identité ? [...] C'est un équilibre millénaire qui est rompu de nos jours, comme à l'époque des grandes invasions, bien que nous ayons du mal à en saisir la portée. En effet, notre époque d'altérations radicales est, comme les autres du même type, réfractaire à l'Histoire, préoccupée qu'elle est par les innovations plus que par le souci de comprendre l'événement. Un nouveau brassage des populations est en train de s'accomplir sous nos yeux, qui dépasse le simple déplacement d'une partie des habitants de la campagne à la ville. La juxtaposition d'éléments aussi hétérogènes ne peut que susciter une désarticulation du corps social, dont il est plus difficile de contrôler, à plus forte raison de maîtriser, les fluctuations et les turbulences que dans un système ayant gardé les apparences de l'uniformité[13]. » Trente ans plus tard, le régime diversitaire, loin de penser cette mutation, multiplie les efforts idéologiques et politiques pour la rendre inexprimable autrement que sous la forme de l'ébaubissement. Dans quelle mesure des communautés habitées par des cultures contradictoires et des mémoires conflictuelles peuvent-elles cohabiter pacifiquement ? A certains égards, l'immigration massive transpose à terme ce qu'on appelle plus ou moins subtilement le choc des civilisations dans les pays occidentaux, qui en deviennent le principal lieu de déploiement. Théoriquement incapable de percevoir les différences substantielles entre les cultures, le régime diversitaire n'en finit plus de désincarner la communauté politique et de désubstantialiser la cité dans l'espoir de faire cohabiter des identités qui, manifestement, sont portées à s'entrechoquer. On trouve au cœur du système médiatique un logiciel traducteur qui fonctionne de la manière la plus simple qui soit : quand un événement vient confirmer le grand récit diversitaire, on le traite comme un fait politique, alors que, s'il le contredit, on le rabat dans le domaine de l'anecdote. Ce qui pourrait au moins partiellement être pensé comme une implosion du corps social soumis à une trop forte hétérogénéité culturelle est dispersé en milliers de faits divers auxquels on refuse de prêter une signification politique. Pour éviter de faire le jeu du populisme, on aseptise la description du réel quitte à la falsifier sans même s'en rendre compte. Un sentiment d'irréalité accompagne ce qu'on pourrait appeler la description officielle de la société. Le récit se dérègle toutefois quand ce sont les membres d'une minorité qui persécutent le représentant d'une autre minorité, ou quand les minorités officiellement reconnues en viennent à se persécuter entre elles. S'enclenche alors presque automatiquement un processus de reconstruction du récit médiatique visant à nous rappeler que la diversité, malgré tout, est nécessaire, harmonieuse et libératrice. Le régime diversitaire ne peut s'empêcher de penser ces tensions comme le résultat d'un système discriminatoire, comme si l'obstacle au « vivre-ensemble » reposait exclusivement sur le déficit d'ouverture des sociétés occidentales et le racisme systémique qui se révélerait au contact de l'autre. Une société exagérément hétérogène devient aisément ingouvernable et le régime diversitaire parvient de plus en plus difficilement à faire croire aux charmes infinis de la diversité Potemkine dans des pays où la population historique se sent dépossédée de sa demeure.

Un nouveau Tocqueville écrirait probablement *De la névrose raciale américaine en Occident*. C'est à travers l'expérience de la société américaine que la jeunesse issue de l'immigration et qui se représente comme « racisée » s'est racialisée, en quelque sorte – l'Amérique offrirait une représentation positive de la condition noire aux jeunes issus de la « diversité »[14]. On a ainsi vu, au moment d'une manifestation en soutien à Adama Traoré, la chanteuse Camélia Jordana entonner un air des Black Panthers, comme si la situation des banlieues françaises reproduisait celle des populations noires américaines. La différence de situation entre les Noirs américains, descendants d'esclaves, et les descendants d'immigrés et de réfugiés ailleurs en Occident ne saurait pourtant être tenue pour négligeable – elle n'est ni interchangeable, ni même comparable. Les militants décoloniaux se permettent cependant de l'abolir dans une seule lutte contre la suprématie blanche : le fantasme racialiste semble plus fort que tout et même souvent revendiqué comme tel. Les populations associées à la « diversité » en Europe descendent d'immigrés et de réfugiés, qui ont poursuivi dans ces différents pays l'espoir de trouver une vie meilleure, il ne s'agit pas, encore une fois, de descendants d'esclaves[15]. « En France, écrit Michel De Jaeghere, où l'iconoclasme s'est polarisé contre notre passé colonial, cette revendication a ceci de particulier qu'elle a d'abord été lancée par des communautés dont la présence sur notre sol n'a pas plus de cinquante ans. Les indigénistes n'y sont pas indigènes. Ce qu'ils réclament ne relève donc pas de l'examen de conscience, mais de la mise en accusation d'un passé qui n'est pas le leur : celui d'un pays qu'eux-mêmes ou leurs parents ont choisi comme destination, et qui les a accueillis en masse, par générosité ou par indolence[16]. » A Montréal, on a pu constater que, dans les rassemblements de juin 2020, les manifestants scandaient des slogans en anglais, ce qui témoignait soit de leur volonté de soutenir à distance les Noirs américains, et de leur pleine intégration symbolique à l'univers mental américain, soit de leur indifférence absolue à l'identité culturelle de la société québécoise, à tel point qu'on pourrait ne pas s'adresser à elle dans sa langue, quitte à se transformer concrètement en agents de colonialisme linguistique. Les manifestants répétaient aux micros qu'on leur tendait qu'ils n'en pouvaient plus de mourir sous les balles de la police québécoise. Leurs slogans semblaient s'adresser à un Québec imaginaire, travaillé depuis ses origines par le racisme, comme le répétaient depuis un certain temps des militants antiracistes repeignant la Nouvelle-France à la manière d'une entreprise esclavagiste, qui devrait se repentir et reconnaître la part majeure de l'histoire des groupes « racisés » dans sa formation et son développement. Comment ne pas voir dans cette identification fantasmée à l'histoire américaine le phénomène décrit plus haut par Michel De Jaeghere ?

L'immigration massive et ses effets sur la communauté politique

A quel moment l'immigration transforme-t-elle la définition même d'un pays ? A la veille des élections de 1970, alors que le mouvement indépendantiste québécois était en pleine ascension, René Lévesque, le chef fondateur du Parti québécois, soutenait dans un discours qui ferait aujourd'hui scandale qu'il y avait deux ministères de l'Immigration au Canada : un à Ottawa, au gouvernement fédéral, pour « noyer » les Québécois, et un autre à Québec, pour « enregistrer la noyade ». Il reprochait à l'Etat fédéral canadien d'utiliser l'immigration massive pour verrouiller démographiquement l'avenir politique du Québec. Autrement dit, René Lévesque s'inquiétait d'un coup d'Etat démographique contre le peuple québécois. Son analyse s'est trouvée confirmée vingt-cinq ans plus tard, lors du second référendum sur l'indépendance, en 1995, où le camp indépendantiste fut défait à 49,6 % alors qu'il avait reçu l'appui de 61 %

des Québécois francophones, en bonne partie à cause de l'appui massif des populations issues de l'immigration au fédéralisme canadien. En d'autres termes, l'immigration massive avait été instrumentalisée par l'Etat fédéral canadien pour constituer une minorité de blocage entravant le désir d'affirmation nationale du peuple québécois. Le phénomène s'est accentué depuis 1995 : Montréal, la métropole, transformée par l'immigration, s'anglicise à grande vitesse et est tentée par une sécession mentale par rapport au reste du Québec. Un nouveau peuple s'y forme, habité par le fantasme de la cité-Etat et particulièrement réticent face aux manifestations d'affirmation nationale du Québec, ce qui sert naturellement les intérêts du régime canadien. Le pays se clive, comme si derrière les apparences de la communauté civique, deux peuples, un issu de l'histoire profonde du Québec, et l'autre formaté dans les paramètres du multiculturalisme canadien, s'y dessinaient peu à peu.

On en retiendra une leçon qui dépasse le cadre québécois : un pays ne saurait être absolument indifférent à la population qui le compose. La mise en minorité progressive d'un peuple historique, aussi lente soit-elle, dans un Etat ne saurait être considérée comme un détail insignifiant. Mais cette simple remarque peut valoir à celui qui s'y risque le discrédit civique, malgré son importance capitale. Au moment de la crise des accommodements raisonnables de 2007-2008, qui vit le Québec remettre en question vivement le multiculturalisme qu'on lui imposait, Gérard Bouchard, un de ses théoriciens locaux, se permit dans l'espace public un moment d'étrange candeur, à la manière d'une confession : « Nous, les intellectuels, on a mal fait notre travail. [...] On a posé et on a postulé que la diversité était bonne et enrichissante pour le Québec sur le plan culturel. Mais on ne l'a pas démontré avec les études nécessaires. Nous étions certains que personne ne voudrait soutenir la position contraire. [...] Est-ce qu'on connaît un seul article présentant un argumentaire solide et convaincant démontrant de façon concrète en quoi la diversité ethnique est une source d'enrichissement culturel ? [...] Je n'ai jamais contribué à bâtir cet argumentaire[17]. » La formule avait de quoi surprendre... Il n'en demeure pas moins que Bouchard confessait quelque chose d'essentiel sans même le vouloir : la « diversité », autrement dit l'immigration massive, a été imposée aux peuples occidentaux sans que jamais on ne s'intéresse à leur consentement : on le jugeait insuffisamment éclairé. Si Christiane Taubira pouvait affirmer en 2005 que « nous sommes à un tournant identitaire. Les Guyanais de souche sont devenus minoritaires sur leur propre terre[18] » sans encourir le moindre reproche, un intellectuel « non racisé » qui tiendrait de tels propos serait accusé de basculer à l'extrême-droite. Le simple désir des peuples historiques occidentaux de demeurer clairement majoritaires chez eux relèverait du suprémacisme blanc. La mutation démographique des pays occidentaux serait un bien en soi. Joe Biden l'énoncera clairement en 2015 : « Des gens comme moi, de race blanche d'origine européenne, pour la première fois en 2017 seront une minorité absolue aux Etats-Unis d'Amérique. […] Moins de 50 % de la population américaine sera dorénavant de race blanche et européenne. Ce n'est pas une mauvaise chose. C'est une source de notre force[19]. » S'il s'est trompé de quelques années, il n'est évidemment pas le seul à parler ainsi. La culpabilisation qui poussait à la haine de soi culmine dans un désir d'abolition de soi. C'est le paradoxe de la mutation démographique de notre temps d'être en même temps niée s'il faut la critiquer ou y résister, et célébrée si l'on en reconnaît l'ampleur pour y voir une vague émancipatrice. Comme l'écrit Olivier Roy sur le mode triomphaliste, « la fin de l'immigration ne rétablira pas le bon vieux peuple français, car celui-ci a changé[20] ». Le métissage n'est plus le résultat d'affections individuelles mais une manière d'accoucher d'une humanité nouvelle où la civilisation occidentale pourra mettre en scène sa propre extinction : il ne sera pas demandé, toutefois, aux autres « races » de s'éteindre : elles revendiqueront leur identité raciale. On voit mal comment une telle construction politique de la société selon un clivage racial revendiqué pourrait ne pas dégénérer. Une société qui assigne chacun à une identité raciale en plus de dissoudre la possibilité même d'une culture commune nouée dans l'histoire se condamne à une polarisation ethnique permanente.

Si on cherche à tout prix à amener les Blancs à se définir en tant que Blancs, ils pourraient bien, s'ils se convertissaient à ce modèle identitaire, ne pas le faire selon la logique prescrite par le régime diversitaire. Dans la mesure où la conscience raciale, en tant que conscience civilisationnelle, est valorisée et devient l'identité politique de référence, elle pourrait devenir une référence mobilisatrice, surtout dans les classes populaires qui se sentent abandonnées et qui cherchent une structure et un langage pour canaliser leur résistance[21].

Ce sont les conditions même de la représentation de l'expérience politique occidentale qui se transforment. La dissolution conceptuelle de l'Etat-nation et de toutes les identités substantielles assure la transformation définitive des peuples en populations interchangeables. Le congédiement du concept d'immigration illégale au profit de celui d'immigration irrégulière a pour fonction de normaliser le détournement du droit d'asile en filière migratoire à part entière, comme on le constate des deux côtés de l'Atlantique – parler d'immigration illégale peut même désormais relever du champ des *fake news* et mériter correction de la part des *fact checkers*. La légitimité s'inverse : celui qui aide à transgresser les frontières devient un croisé humanitaire, un « héros quotidien[22] ». Le pacte de Marrakech a institutionnalisé en 2018 à l'échelle internationale un droit de la migration qui relativise la souveraineté nationale, traitée comme une relique des temps westphaliens. L'immigré devient

un migrant, avant de devenir un exilé : d'une modi-
fication lexicale à l'autre, la critique de l'immigration massive devient de plus en plus moralement
réprouvée. Les temps nouveaux annoncent une
humanité où le lien entre chaque peuple et son
pays sera sectionné. L'émergence des métropoles
qui entendent se désaffilier du cadre national et
construire une civilisation nouvelle se concrétise
dans leur prétention à se constituer comme villes
sanctuaires suspendant les régulations sur les migrations, échappant à la souveraineté nationale. Les
nations occidentales sont expropriées symboliquement de chez elles et, lorsqu'elles protestent contre
cette dépossession, en cherchant à restaurer leurs
codes culturels, pour amener les populations immigrées à se les approprier, on juge qu'elles basculent
dans le suprémacisme ethnique. La laïcité française
est ainsi présentée comme une forme de néocolonialisme intérieur destiné à étouffer les populations
immigrées. Autrefois, le colonialisme consistait à
imposer sa culture chez les autres, aujourd'hui, il
consiste à imposer sa propre culture chez soi. Nous
sommes tous des immigrants, telle est la devise du
régime diversitaire. Même si on ne saurait identifier les deux mouvements historiquement, sur le
plan rhétorique, le rapprochement est saisissant
et marqué : la colonisation était une chance pour
les pays colonisés, l'immigration massive est une
chance pour les pays autrefois colonisateurs. Du
point de vue du régime diversitaire, elle vient
les civiliser par la diversité, les délivrer de leur

homogénéité asphyxiante, leur permettre d'accéder à une conception plus élevée de l'humanité. Le régime diversitaire est révolutionnaire et ne cache plus sa mission : extraire les sociétés occidentales de leur histoire pour les délivrer du mal blanc. On expliquera ainsi que l'immigration viendrait assurer la croissance économique de sociétés qui, sans cela, stagneraient et seraient probablement condamnées à ne pas pouvoir payer la retraite de leurs aînés. Les milieux managériaux expliqueront quant à eux que les équipes de travail formées selon les exigences de la diversité obtiendraient globalement de meilleurs résultats parce qu'elles n'évolueraient pas dans les schèmes mentaux dominants[23].

La mouvance décoloniale considère que la décolonisation engagée il y a plusieurs décennies n'aboutira vraiment que lorsque les pays occidentaux seront complètement dénationalisés et que les différents peuples auxquels ils sont historiquement attachés seront étrangers chez eux et n'y seront plus considérés que comme une population parmi d'autres ou, plus exactement, comme une majorité blanche appelée à se dépouiller de ses « privilèges » afin qu'advienne une société véritablement inclusive. La remontée à la surface de l'identité d'origine, chez les descendants d'immigrés, même à la deuxième ou la troisième génération, est indéniable, et la mouvance décoloniale cherche à la radicaliser et à la mobiliser dans une perspective conquérante. La légitimité se renverse : la revendication de l'identité d'origine sur le mode victimaire est un meilleur vecteur de promotion sociale que l'assimilation aux codes culturels nationaux. L'opportunisme victimaire devient une stratégie de promotion sociale et l'accusation de *collaboration avec l'ordre blanc* est de plus en plus souvent envoyée au visage de ceux qui se sont assimilés et intégrés substantiellement à la nation historique de leur pays d'accueil[24]. Ils trahiraient la nécessaire fraternité des « racisés ». Les leaders de la mouvance décoloniale assimilent ainsi l'intégration à un « crime[25] ». Les natifs qui entendent assurer leur position sociale dans le régime diversitaire se convertissent eux-mêmes à cette représentation, en se déclarant alliés des catégories nouvelles dans leur lutte contre les structures usées de la suprématie blanche occidentale. Dans cette logique, le plus zélé dans la dénonciation de sa « blanchité » se positionnera de manière avantageuse. La promotion sociale est intimement liée aujourd'hui à l'adhésion aux codes et rituels qui structurent le régime diversitaire et qui poussent à sa radicalisation : c'est en jetant sa pierre au grand méchant homme blanc qu'on prend l'ascenseur social. Devant la révolution racialiste, la bourgeoisie multiplie les gestes d'apaisement, espérant obtenir au nom de ses intérêts la paix pour notre temps. La psychologie collabo domine, et les élites médiatiques et économiques, sans surprise, reprennent désormais le langage et les termes racialistes. La bourgeoisie a moins tendance à faire barrage qu'à sortir ses canots de sauvetage – sa réputation conservatrice est terriblement surfaite. Elle est d'abord, même si on l'oublie, une classe révolutionnaire. Elle avait déjà renoué avec cet esprit en s'engageant pleinement dans la mondialisation, pour s'y positionner avantageusement. Surtout, puisqu'elle cherche à se maintenir au sommet de l'ordre social, et puisque la modernité se définit comme un mouvement perpétuel de déconstruction, elle pourrait se définir comme la classe en perpétuelle adaptation à un mouvement dont elle entend maîtriser les codes pour mieux donner l'impression de le commander. Lorsqu'un nouveau régime s'installe, elle s'y adapte aisément, et son penchant naturel la pousse à trouver un terrain d'entente avec les autorités. La bourgeoisie mondialisée met en scène de manière ostentatoire son ralliement au régime diversitaire et s'en fait une fierté.

La construction d'une conscience raciale révolutionnaire

La mouvance décoloniale et racialiste, en pleine croissance médiatique, académique et politique, croit désormais avoir une base démographique suffisante pour s'imposer politiquement et cherche à inculquer aux populations issues de l'immigration une conscience raciale révolutionnaire en les détournant de leur vocation première à l'intégration nationale. Les populations issues de l'immigration sont invitées à faire mentalement sécession avec une communautarisme ?

« république raciale » censée n'être universaliste qu'en apparence. Le racialisme entend former politiquement les populations issues de l'immigration en dehors de la nation, en les convainquant qu'elles sont victimes d'un système de persécution généralisé, contre lequel elles devraient se révolter. Les entrepreneurs identitaires, qui se spécialisent dans la formation d'une conscience victimaire, injectent à forte dose dans le pays le poison du ressentiment, surtout chez les plus jeunes, en les enrégimentant dans cette lutte contre une civilisation détestée, dont ils finissent par rejeter les symboles. L'idéal des plus radicaux est celui de la conquête décoloniale. Un révolutionnarisme identitaire, hypnotisé par le fantasme de la grande revanche historique, en vient à dominer la conscience collective. On aboutit à un nouvel iconoclasme. Nous en revenons à notre point de départ. Ceux qui s'en prennent aux morts versent dans la mémoire revancharde et ne retiennent désormais de l'histoire occidentale qu'une série de crimes. La mouvance indigéniste réinterprète l'intégralité de l'Histoire à la lumière du colonialisme, du racisme, de l'esclavagisme, et ce, faut-il préciser, de manière parfaitement anachronique. Qui veut tuer les morts d'une civilisation veut en fait tuer cette civilisation même, et la destruction violente d'une statue est l'équivalent symbolique du viol d'une sépulture. La mouvance décoloniale, en déboulonnant les statues, réclame moins la justice qu'elle ne fait preuve d'esprit conquérant. Elle entend s'emparer de l'espace public, en prendre possession,

projection

en décidant quelles représentations du passé y sont autorisées, et lesquelles doivent en être bannies. Elle pratique, redisons-le, une démonstration de force, en occupant l'espace symbolique de la société occidentale et lui dictant les termes d'un nouvel imaginaire. « L'outrage fait aux morts s'adresse d'abord à nos contemporains. Il mime une violence qu'un rien pourrait un jour conduire à s'en prendre aux vivants », écrit justement Michel De Jaeghere[26]. Le militant décolonial Philippe Néméh-Nombré vient confirmer cette perspective : « Je pense que la décolonisation, les luttes contre le racisme et celles liées aux questions de classe et de sexe ne peuvent se mener ni aboutir sans entraîner une perte de privilèges pour certains, ce qui implique presque nécessairement une forme de violence. Pas forcément une violence physique, évidemment, mais certainement matérielle : perdre quelque chose, un privilège, sera toujours perçu comme une attaque, une violence (et ce l'est), et je ne crois pas que les changements viendront sans la construction de rapports qui forcent cette perte de privilèges[27]. »

La société occidentale est engagée dans une dialectique mortifère : le « développement de la puissance politique indigène[28] » est indissociable de la soumission des élites, fascinées et effrayées par l'agressivité décomplexée de ceux qu'elle voit comme les nouveaux damnés de la terre. Si le décolonialisme ne représente évidemment pas l'opinion dominante chez les populations associées à la « diversité », on ne fera pas l'erreur d'oublier

que ce sont les minorités idéologiques les plus résolues qui font l'Histoire.

On rencontre le paradoxe multiculturaliste :
souvent, ceux qui revendiquent leur identité de
« racisés » sur un mode militant refusent d'être
renvoyés à leurs origines mais ne cessent de les
brandir. Le régime diversitaire et l'idéologie multiculturaliste favorisent l'exacerbation de l'identité
d'origine en décourageant l'intégration substantielle ou l'assimilation. Le rapprochement historique est frappant : autant le communisme devait
aboutir théoriquement à une société sans État,
tout en passant par une étatisation intégrale de
l'existence, autant la société postraciale doit passer
par la racialisation intégrale de la société. Il fallait
maximiser le pouvoir de l'Etat pour se débarrasser
du vieux monde, il faut maximiser le poids politique et social de la race pour se débarrasser du
racisme. Il n'en demeure pas moins que la racialisation des rapports sociaux les rend incompré-
hensibles et illisibles, en les enfermant dans une
matrice explicative simpliste qui vient dissoudre
les différentes tendances qui façonnent une société.
Le racialisme vient abolir la diversité des cultures,
des peuples, des nations, des religions et des civilisations pour créer une identité artificielle entre les
hommes selon le critère exclusif de la couleur de
peau. Il ne veut voir dans le monde que des Blancs
et des « racisés », en oubliant au passage que les
premiers ne sont pas tous interchangeables et que
les seconds ne le sont pas non plus, sauf à suivre

les contorsions théoriques associées à l'idéologie américaine, traduisant l'expérience d'un pays qui a effectivement fondu les peuples et les nations dans une logique raciale tout en conservant des différences ethniques résiduelles entre eux. Le racialisme cherche à dissoudre la spécificité de chaque peuple et à l'arracher à sa propre histoire. Comment fondre dans une même catégorie la ségrégation américaine et la laïcité française ? Comment réunir sous la même catégorie blanche les Canadiens anglais et les Québécois, alors que les premiers ont historiquement dominé les seconds ? Suffit-il que les mouvements racialistes les fondent de manière fantasmatique dans une seule et même majorité blanche pour que, d'un coup, disparaisse leur histoire respective, comme s'ils communiaient désormais dans un même système suprémaciste à leur avantage ? Comment fondre dans une même expérience du monde les Russes et les Baltes, les Français et les Allemands, les Anglais et les Irlandais ? L'obsession racialiste ne veut voir partout que des Blancs et des « racisés ». C'est le concept même de majorité blanche qu'il faut refuser, congédier, attaquer : il agit à la manière d'un falsificateur historique, dénature l'expérience historique des peuples d'Occident, qu'il rend étrangers à eux-mêmes. S'ils en viennent à consentir aux catégories raciales, et à se reconnaître comme des majorités blanches, ils entreront dans une logique où le primat légitime de la culture nationale sera retraduit dans la logique de la suprématie ethnique.

« Le vieil hypocrite […], écrivait Chesterton, était un homme dont les aspirations étaient, en fait, terre à terre et pratiques, même s'il les prétendait religieuses. Le nouvel hypocrite est celui dont les aspirations sont, en fait, religieuses, même s'il les prétend terre à terre et pratiques[29]. » Les concepts racialistes sont des concepts révolutionnaires qui se font passer pour réformistes mais engendrent en fait une société nouvelle, radicalement conflictuelle, et qui devient incapable d'envisager même théoriquement un authentique monde commun. Il faut donc tenir tête à la révolution racialiste, s'opposer à elle et aux concepts grâce auxquels elle colonise mentalement les sociétés occidentales, faire barrage à la représentation des rapports sociaux qu'elle impose. On ne saurait segmenter une société sur une base raciale sans condamner chaque groupe à s'enfermer dans sa couleur de peau, qui devient dès lors l'ultime frontière au cœur de la vie sociale. On ne saurait tolérer l'abolition de l'individu qui peut et doit être en droit de s'imaginer un destin où il assumera sa singularité et refusera d'être transformé en chair à quotas. Le proverbial bon sens, auquel se fient exagérément ceux qui ne prennent pas au sérieux la part tragique de l'Histoire, ne suffira pas pour stopper le racialisme : s'il ne s'appuie pas sur des principes fermes, le bon sens est condamné à s'éroder, jusqu'à devenir purement résiduel et décoratif. Mais on ne mène pas la guerre idéologique d'aujourd'hui avec les stratégies et les armes d'hier. Il n'est pas certain que la défense obstinée d'une conception désincarnée de l'universel soit la seule posture légitime face à cette offensive. En France, les rodomontades des élites politiques qui découvrent soudainement la République à la manière d'un concept de sauvetage sans se rendre compte de son ancrage dans la réalité d'une identité nationale témoignent de la faiblesse des ressources existentielles de la démocratie lorsqu'elle n'ose plus puiser dans son substrat civilisationnel. La sloganisation de l'universalisme, qui devient la position de repli de ceux qui ont déconstruit ses conditions de possibilité historiques et sociologiques, est révélatrice de leur impuissance politique. Dans un monde marqué par un nouveau choc des civilisations, à l'intérieur même des sociétés occidentales, l'identité raciale pourrait bien avoir une charge identitaire plus forte, même si elle est absolument toxique, que la simple adhésion à un républicanisme abstrait, se présentant comme la seule traduction possible de l'idéal des Lumières. L'universalisme français était d'abord et avant tout français – il témoignait de l'élan vers l'universel inscrit dans l'expérience historique d'une grande nation, mais était finalement indissociable des mœurs d'un peuple, de son imaginaire. De même, la laïcité française est irréductiblement inscrite dans un contexte national, et n'en est pas moins universelle dans sa conception de l'humanité pour autant – quand les Québécois s'approprient ce concept, c'est aussi à la lumière de leur histoire, et pour la prolonger dans une époque nouvelle, et non pas comme un symbole absolument désincarné, qui n'aurait rien à voir avec une culture particulière. Il importe donc de méditer sur les conditions de possibilité de l'universel, qu'on doit comprendre comme un élan ayant besoin de médiation historique et culturelle pour s'incarner. En d'autres termes, un pays ne saurait être immédiatement universel sans s'abolir – il ne saurait faire l'économie de sa culture propre sans se condamner à l'inexistence. La réduction de la nation à un simple résidu administratif ou juridique l'empêche dès lors de formuler une réponse politique à la hauteur de l'immigration massive. La question des mœurs revient se placer au cœur de la vie politique. Les concepts de culture et d'identité historique permettent de renouer avec la densité existentielle de la communauté politique et de lui offrir un ancrage suffisamment fort pour chercher à se donner un élan vers l'universel. Rien n'importe plus, de ce point de vue, que de constituer sur son propre territoire, comme on le voit au Québec et comme le savent toutes les petites nations, une majorité nationale sûre d'elle-même et disposant d'une prépondérance démographique telle que son statut ne soit jamais fondamentalement remis en question. Cette simple évidence, désormais insaisissable dans les termes de la philosophie politique contemporaine, est le fondement intellectuel de toute résistance à la révolution racialiste. Il importe de renouer avec la notion de peuple. Un peuple n'est pas une race : on peut y adhérer. On peut s'y fondre. On peut embrasser son destin et s'y intégrer, s'y assimiler. Il ne s'agit pas d'une catégorie étouffante, relevant du déterminisme biologique. La résistance intellectuelle et politique à la sociologie racialiste devient de ce point de vue un enjeu démocratique fondamental. La notion de peuple fonde une communauté politique en assurant son substrat historique et son noyau identitaire, mais lui permet d'accueillir de nouveaux membres en codifiant son appartenance dans les formes de la citoyenneté. Autrement dit, une civilisation ne saurait se définir strictement par son adhésion exclusive à l'humanité sans s'abolir, sans s'immoler, mais elle ne saurait renier l'aspiration à l'universel sans se trahir. L'homme n'accède pas au monde sans médiations, et il ne parvient à voir les autres hommes dans ce qu'ils ont de commun avec lui qu'en assumant pleinement sa propre situation historique, de manière critique, certes, mais sans jamais la maudire. C'est à partir d'une langue qu'il accède au monde, c'est à partir d'une culture qu'il part à la rencontre des autres hommes, et c'est dans la mesure où il se sait et se sent maître chez lui qu'il peut ensuite accueillir dans le respect de ses capacités d'intégration ceux qui rêvent de partager son destin. C'est seulement en gardant à l'esprit ces vieilles leçons que la philosophie politique n'aurait jamais dû abandonner qu'on peut encore espérer résister au fantasme effrayant de la guerre des races.

Remerciements

Ce livre est le fruit d'une inquiétude intellec-tuellement surmontée au fil des conversations qui transforment l'existence en un séminaire si joyeux qu'il devient un banquet.

Remerciements à mes amis du Québec, avec qui je mène la bataille pour que se poursuive et s'ac-complisse le destin de notre pays. L'amitié mous-quetaire est le sel de l'existence.

Remerciements aussi à mes amis français qui sont des interlocuteurs essentiels pour chercher à comprendre nos temps troublés.

Remerciements enfin à Karima, qui a le génie et la bonté de rendre cette vie douce et lumineuse.

Notes

Avant-propos
(pages 20 à 33)

1. Reni Eddo-Lodge, *Le racisme est un problème de Blancs*, Paris, Autrement, 2018, p. 11.

2. Layla F. Saad, *Me and White Supremacy*, Naperville (Ill.), Sourcebooks, 2020.

3. Christopher Caldwell, « Ibram X. Kendi, Prophet of Anti-racism », *National Review*, 23 juillet 2020.

4. Robin DiAngelo, *Fragilité blanche*, Paris, Les Arènes, 2020, p. 101.

5. AFP, « Joe Biden assure que les Etats-Unis sont prêts à guider le monde », *Le Figaro*, 25 novembre 2020.

6. « Le regard incisif d'Houria Bouteldja sur le féminisme et le racisme d'Etat », Radio-Canada, 27 avril 2017.

7. Susan Milligan, « Race, Money and Power : Joe Biden Offers Plan to Take On Systemic Racism », *US News & World Report*, 28 juillet 2020.

8. Farrah Khan, « Le suprémacisme blanc est intrinsèquement lié à la destruction de l'environnement, mais ce

n'est pas pour cela que nous le combattons », Greenpeace Canada, 4 juin 2020 ; https://www.greenpeace.org/canada/fr/histoires/38641/le-racisme-detruit-lenvironnement-mais-ce-nest-pas-pour-cela-que-nous-le-combattons/.

9. Nell Irvin Painter, *Histoire des Blancs*, Paris, Max Milo, 2019.

10. Lilian Thuram, *La Pensée blanche*, Paris, Philippe Rey, 2020.

11. Ta-Nehisi Coates, *Le Procès de l'Amérique*, Paris, Autrement, 2017.

12. Léa Mormin-Chauvac, « L'inversion de la question raciale », *Libération*, 4 novembre 2018.

13. Maboula Soumahoro, *Le Triangle et l'Hexagone,* Paris, La Découverte, 2020, p. 135.

14. Robin DiAngelo, *op. cit.*, p. 33.

15. Pascal Bruckner, « "Lynchage", ces activistes qui prétendent faire la police des mots », *Le Figaro*, 2 décembre 2020.

16. Pierre-André Taguieff, *L'Imposture décoloniale*, Paris, CNRS, 2020.

17. Douglas Murray, *La Grande Déraison*, Paris, L'Artilleur, 2020.

18. Eric Kaufmann, *Whiteshift*, New York, Abrams Press, 2019.

Chapitre 1
(pages 35 à 68)

1. Thomas Romanacce, « Google signalera désormais les commerces tenus par des Noirs », *Capital*, 31 juillet 2020.

2. Jorge Fitz-Gibbon, « Black Lives Matter organizer calls Chicago looting "reparation" », *The New York Post*, 11 août 2020.

3. Vicky Osterweil, *In Defense of Looting*, New York, Bold Type Books, 2020.

4. « President Eisgruber's message to community on removal of Woodrow Wilson name from public policy school and Wilson College », Office of Communications, Princeton University, 27 juin 2020 ; https://www.princeton.edu/news/2020/06/27/president-eisgrubers-message-community-removal-woodrow-wilson-name-public-policy.

5. Charles M. Blow, « Yes, Even George Washington », *New York Times*, 28 juin 2020.

6. Alexandria Ocasio-Cortez, tweet du 2 août 2020.

7. Catherine Larochelle, « Décoloniser notre regard », *Relations*, mai-juin 2019, p. 27.

8. Houria Bouteldja et Sadri Khiari, *Nous sommes les indigènes de la République*, Paris, Editions Amsterdam, 2012, p. 22.

9. Marie Allard, « Visionne-t-on les vieilles téléséries avant de les rediffuser ? », *La Presse*, 8 août 2020.

10. « *South Park* : Les épisodes représentant le prophète Mahomet ne seront pas sur HBO Max », *Pure Médias*, 25 juin 2020.

11. Léo Pajon, « Lashana Lynch agent 007 dans James Bond, révolution ou coup marketing ? », *Jeune Afrique*, 12 novembre 2020.

12. Voir le fil Twitter de l'écrivain québécois Daniel Grenier, 11 février 2021.

13. Nandini Jammi, tweet du 28 septembre 2020.

14. Jake Silverstein, « Why We Published the 1619 Project », *The New York Times Magazine*, 20 décembre 2019.

15. Ta-Nehisi Coates, *Le Procès de l'Amérique*, Paris, Autrement, 2017, p. 111.

16. Elizabeth Kolsky, « It is time to reconsider the global legacy of July 4, 1776 », *Washington Post*, 3 juillet 2020.

17. Ta-Nehisi Coates, « The Case for Reparations », *The Atlantic*, juin 2014.

18. Michael Powell, « "White Supremacy" Once Meant David Duke and the Klan. Now It Refers to Much More », *New York Times*, 17 octobre 2020.

19. Tweet du 4 juillet 2020.

20. Norimitsu Onishi, « Une prise de conscience raciale en France, où le sujet reste tabou », *New York Times*, 15 juillet 2020.

21. Rokhaya Diallo, *A nous la France*, Paris, Michel Lafon, 2012, pp. 22 et 148.

22. Maboula Soumahoro, *op.cit.*, p. 99.

23. Sandra E. Garcia, « Where Did BIPOC Come From ? », *New York Times*, 17 juin 2020.

24. « Pourquoi il faut en finir avec l'expression "racisme anti-Blancs" », entretien avec Fanny Marlier, *Les Inrocks*, 9 septembre 2019.

25. David Hackett Fischer, *Le Rêve de Champlain*, Montréal, Boréal, 2011.

26. On en a même trouvé pour souhaiter le changement de nom de la province la plus à l'ouest du pays, la Colombie-Britannique, parce qu'elle passerait sous silence la présence des peuples autochtones qui s'y trouvent. Geneviève Lasalle, « La Colombie-Britannique pourrait-elle changer de nom ? », Radio-Canada, 21 juin 2020.

27. James Tully, *Une étrange multiplicité. Le constitutionnalisme à une époque de diversité*, Les Presses de l'université Laval/Presses universitaires de Bordeaux, 1999.

28. Robyn Maynard, *NoirEs sous surveillance. Esclavage, répression et violence au Canada*, Montréal, Mémoire d'encrier, 2018, p. 248.

29. On retrouvera cette déclaration sur le site de l'université : https://www.concordia.ca/about/indige-nous/reconnaissance-territoriale.html.

30. Sébastien Desrosiers, tweet du 20 juin 2020.

31. Webster, « Es-tu de la bonne couleur ? », *Curium Mag*, 23 avril 2020 : https://curiummag.com/es-tu-de-la-bonne-couleur-entrevue-avec-le-rappeur-webster/.

32. On le constate par exemple dans le rapport final de la commission d'enquête sur les relations entre les Autochtones et certains services publics : écoute, réconciliation et progrès, présidée par Jacques Viens, en 2019 : https://www.cerp.gouv.qc.ca/index.php?id=2.

33. Sadri Khiari, *La Contre-révolution coloniale en France. De De Gaulle à Sarkozy*, Paris, La Fabrique Editions, 2009, p. 59.

34. Préface de Christiane Taubira, *in* Ta-Nehisi Coates, *Le Procès de l'Amérique*, p. 17.

35. Léonora Miano, *Afropea. Utopie post-occidentale et post-raciste*, Paris, Grasset, 2020, p. 30.

36. *Ibid.*, p. 41.

37. Camille Bains, « La fameuse "conversation" reste inévitable pour les parents noirs », *Huffington Post*, 23 juin 2020.

38. Nathalie Batraville, « Définancer plutôt que réformer », *La Presse*, 16 juin 2020.

39. France 2, *On n'est pas couché*, 23 mai 2020.

40. Assa Traoré et Geoffroy de Lagasnerie, *Le Combat Adama*, Paris, Stock, 2019, p. 89 ; citations suivantes pp. 51, 96, 78, 104 et 166.

41. Maboula Soumahoro, *op. cit.*, p. 62.

42. Kenya Evelyn, « Barack Obama criticizes "Defund the Police" slogan but faces backlash », *The Guardian*, 2 décembre 2020.

43. Mariame Kaba, « Yes, We Mean Literally Abolish the Police », *New York Times*, 12 juin 2020.

44. *Cf.* https://www.defundthespvm.com/apprendre-plu.

45. BFMTV, 13 juin 2020 : « Jean-Luc Mélenchon souhaite "une police aussi désarmée que possible pour qu'elle inspire le respect". »

46. Michael Levenson, « For Mayor Jacob Frey of Minneapolis, a Stinging Rebuke », *New York Times*, 7 juin 2020.

Chapitre 2
(pages 69 à 94)

1. Douglas Murray, *La Grande Déraison. Race, genre, identité*, Paris, L'Artilleur, 2020 ; Rob Dreher, *Live Not by Lies. A Manual for Christian Dissidents*, Sentinel, 2020 ; Bret Easton Ellis, *White*, Paris, Robert Laffont, 2019 ; Caroline Fourest, *Génération offensée*, Paris, Grasset, 2020.

2. Sophie Leclerc, Radio-Canada, 10 juillet 2018.

3. Judith Lussier, *On peut plus rien dire*, Montréal, Cardinal, 2019.

4. Anthony Cortes, « Blanchité, privilèges, alliés… Pourquoi les jeunes adhèrent-ils tant à "l'antiracisme" racialiste ? », *Marianne*, 11 juin 2020.

5. Kevin Sweet, « L'éveil du blanc privilégié et sa fragilité », Radio-Canada, 8 février 2020.

6. « An American Awakening is Prying at Racism's Gap : "Systemic" Enters Lexicon in Boardrooms, Classrooms, Streets and Stadiums », *New York Times*, 14 juin 2020.

7. Martine Delvaux, *Le Boys Club*, Montréal, Les éditions du remue-ménage, 2019, p. 20.

8. David Santarossa, « Réparer le code », Argument, 24 juin 2020.

9. Mathieu Bock-Côté, « La courtoisie est-elle raciste ? », *Journal de Montréal*, 11 avril 2018. Valérie Martin, « Se sentir étranger en son pays », Actualités UQAM, 16 février 2021.

10. Elise Karlin, « A l'opéra, la diversité entre en scène », *Le Monde*, 25 septembre 2020.

11. Judith Lussier, *op. cit.*

12. Heather Mac Donald, *The Diversity Delusion*, New York, St. Martin's Press, 2018.

13. Wally Bordas, « A Sciences Po, des étudiants veulent créer un cours sur "l'intersectionnalité raciale" », *Le Figaro*, 2 décembre 2020.

14. Consulter : A Pathway to Equitable Math Instruction Dismantling Racism in Mathematics Instruction, 2020 ; https://equitablemath.org/wp-content/uploads/sites/2/2020/11/1_STRIDE1.pdf. Le Fonds Nouvelles frontières en recherche, du Conseil de recherche en sciences humaines du Canada, finance quant à lui, à l'Université Concordia, une recherche sur la décolonisation de la physique et de la lumière. Decolonizing light : tracing and countering colonialism in contemporary physics, http://decolonizinglight.com/.

15. On lira sur la question la série d'articles de la journaliste québécoise Isabelle Hachey, parue dans le quotidien *La Presse* en janvier et février 2021.

16. A l'université McGill, un professeur émérite verra son statut contesté pour s'être fait reprocher de condamner « le multiculturalisme, l'immigration, la parité des genres, l'égalité culturelle, la justice sociale et

le mouvement Black Lives Matter, en plus de nier l'existence de la culture du viol et du racisme systémique ». L'Association étudiante expliquera que « c'est le droit des musulmans et des personnes de couleur de se sentir en sécurité » qui est compromis par le droit reconnu à cet ancien professeur d'avancer ses propres thèses. Louise Leduc, « McGill accusée de cautionner à la fois la censure et le racisme », *La Presse*, 12 décembre 2020.

17. Marie McAndrew, *Equité, diversité et inclusion à l'université de Montréal : diagnostic*, 2020 ; cf. https://nouvelles.umontreal.ca/article/2020/05/20/un-grand-portrait-de-la-diversite-a-l-udem/.

18. « Black Lives Matter : Yannick Noah dénonce "le silence" des sportifs blancs », *Pure People*, 8 juin 2020.

19. Layla F. Saad, *Me and White Supremacy. Combat Racism, Change the World, and Become a Good Ancestor*, Naperville (Ill.), Sourcebooks, 2020.

20. Elie Halévy, *L'Ere des tyrannies. Etudes sur le socialisme et la guerre*, Paris, Gallimard, 1938.

21. Jocelyn Grzeszczak, « Petition to Fire NYC Professor Accused of Sleeping During Anti-Racist Meeting Gathers 2,000 Signatures », *Newsweek*, 15 juillet 2020.

22. Marc Cassivi, « Ariane Moffatt et Pierre Lapointe : libres d'être Québécois », *La Presse,* 17 juin 2020.

23. Fanny Bourel, « Safia Nolin prépare *Saint-Jeanne,* un spectacle en ligne inclusif pour la Saint-Jean », Radio-Canada, 16 juin 2020.

24. Page Facebook de Loud, 30 mai 2020.

25. Virginie Despentes, « Lettre adressée à mes amis blancs qui ne voient pas où est le problème… », France Inter, 4 juin 2020.

26. Comme le veut le sous-titre du livre de Layla F. Saad, *Me and White Supremacy : Combat Racism, Change the World, and Become a Good Ancestor.*

27. Résolution du Parlement européen du 19 juin 2020 sur les manifestations contre le racisme après la mort de George Floyd.

28. Tweet du 3 juin 2020.

29. Mehera Bonner, « Jessica Mulroney's Husband, Ben Mulroney, Steps Down From "Etalk" : "My Privilege Has Benefited Me Greatly" », *Cosmopolitan*, 23 juin 2020.

30. Christine-Marie Liwag Dixon, « The Reason Serena Williams' Husband Resigned From Reddit », *The List*, 8 juin 2020.

31. Joëlle Girard, « Je ne comprenais pas le privilège que j'avais de ne jamais avoir été discriminé », Radio-Canada, 19 septembre 2019.

32. Céline Gobert, « Bock-Côté s'attaque à la gauche woke, une secte radicale selon lui », *Métro*, 7 décembre 2020. Dans son article, Céline Gobert évoque « un essai de Pierre Vallières contenant le mot en N ».

33. Marco Fortier, « Roberge dénonce la censure à l'école », *Le Devoir*, 31 octobre 2020.

34. « CBC News host Wendy Mesley disciplined for using racist slur twice in work meetings », *Canadian Press*, 25 juin 2020.

35. « Concordia students launch petition condemning film professor's use of N-word in class », CBC News, 6 juin 2020.

36. Message du recteur Jacques Frémont au sujet d'un incident récent à la Faculté des arts, 19 octobre 2020 : https://medias.uottawa.ca/nouvelles/message-du-

recteur-jacques-fremont-au-sujet-dun-incident-recent-faculte-arts.

37. Isabelle Hachey, « Au-delà du mot qui commence par un N », *La Presse*, 6 février 2020.

Chapitre 3
(pages 95 à 134)

1. Marie Allard, « Trop blancs, les livres jeunesse ? », *La Presse*, 26 juillet 2020.

2. « "Trop blanc" : un humoriste dénonce le manque de diversité des Molières », *Valeurs actuelles*, 15 mai 2019.

3. On trouvera son discours ici : https://www.youtube.com/watch?v=BQ28yh7F228.

4. « Les employés du secteur public québécois sont trop blancs », Radio-Canada, 31 janvier 2018 ; Mayssa Ferah, « Trop blanc, le "rap keb ?" », *La Presse*, 29 juillet 2019 ; Constance Cazzaniga, « Les personnalités dénoncent un Gala Artis encore trop blanc », *Hollywood PQ*, 3 juillet 2020 ; Marie Allard, « Trop blancs, les livres jeunesse ? », *La Presse*, 26 juillet 2020 ; « "Trop blanc" : un humoriste dénonce le manque de diversité des Molières », *Valeurs actuelles*, 15 juin 2019 ; Emma Goldberg, « Earthscience has a Whiteness Problem », *New York Times*, 23 décembre 2019 ; Edmund Lee, « The White Issue : Has Anna Wintour's Diversity Push Come Too Late ? », *New York Times*, 24 octobre 2020 ; https://link.springer.com/article/10.1007/s10649-020-09969-w ; Interviews by Zachary Woolfe and Joshua Barone, « Black Artists on How to Change Classical Music », *New York Times*, 16 juillet 2020 ; *Le Figaro,* « La cathédrale de Sheffield dissout son chœur pour gagner en diversité », 27 juillet 2020 ; David Wagner, « What can we do against racism

in mathematics education research ? », *Educational Studies in Mathematics*, n° 104, 2020, pp. 299-311 ; Camille Bains, « Des facultés de médecine du pays veulent admettre plus d'étudiants noirs », *La Presse*, 2 août 2020.

5. Emily Walton, « College Students should take mandatory course on black history, white privilege », *USA Today*, 23 septembre 2019.

6. Robin DiAngelo, *Fragilité blanche*, Paris, Les Arènes, 2020, p. 42.

7. « Antiracisme, diversité et inclusion à CBC/Radio-Canada », Radio-Canada, 23 juin 2020.

8. On trouvera un bon exemple de la définition du racisme systémique par la bureaucratie diversitaire dans Conseil interculturel de Montréal, *Racisme systémique : Agir pour transformer la culture institutionnelle, changer les attitudes et renforcer les capacités citoyennes*, 2020, pp. 5-7. Patricia Hill Collins dénonce ainsi « une nouvelle rhétorique post-raciale, qui reproduit les inégalités sociales en traitant tout le monde de la même manière ». Patricia Hill Collins, *La Pensée féministe noire*, Montréal, Les éditions du remue-ménage, 2016, p. 192.

9. Vanessa Destiné, « Les Haïtiens sont noirs avant d'être francophones », *Urbania*, 21 juillet 2020.

10. Anne-Lovely Etienne, « Kamala et l'ombre de son mari blanc », 24 heures, 12 novembre 2020.

11. Reni Eddo-Lodge, *Le racisme est un problème de Blancs*, Paris, Autrement, 2018, p. 19.

12. « Webster raconte l'esclavage aux enfants », Radio-Canada, 3 avril 2019.

13. Matisse Harvey, « Kahnawake : la loi d'appartenance controversée sur les couples mixtes révisée », Radio-Canada, 6 juillet 2018.

14. Robin Dembroff, « Why We Shouldn't Compare Transracial to Transgender Identity », *Boston Review*, 18 novembre 2020.

15. Préface de Maxime Cervulle, *in* Robin DiAngelo, *Fragilité blanche*, p. 15.

16. Marc-Olivier Bherer, « Pap Ndiaye : "Si l'on veut déracialiser la société, il faut bien commencer par en parler" », *Le Monde*, 12 juillet 2019.

17. Ibram X. Kendi, *Comment devenir antiraciste*, p. 33.

18. Sadri Khiari, *La Contre-révolution coloniale en France. De De Gaulle à Sarkozy*, Paris, La Fabrique Editions, 2009, p. 15.

19. Rokhaya Diallo, entretien avec Fanny Marlier, « Pourquoi il faut en finir avec l'expression "racisme anti-Blancs" », *Les Inrocks*, 9 septembre 2019.

20. Lilian Thuram, *La Pensée blanche*, Paris, Philippe Rey, 2020, p. 141.

21. Robin DiAngelo, *op. cit.*, p. 155.

22. Chacour Koop, « Smithsonian museum apologizes for saying hard work, rational thought is "white culture" », *Miami Herald*, 17 juillet 2020 ; Peggy McGlone, « African American Museum site removes "whiteness" chart after criticism from Trump Jr. and conservative media », *Washington Post,* 17 juillet 2020.

23. Robin DiAngelo, *op. cit.*, p. 35.

24. Houria Bouteldja, *Les Blancs, les Juifs et nous*, Paris, Editions La Fabrique, 2016, p. 121.

25. *Cf.* https://liguedesdroits.ca/lexique/fragilite-blanche.

26. Gabriel Hassan, « Harvard accusée de discrimination contre les Américains d'origine asiatique », *Courrier international*, 17 juin 2018.

27. Ibram X. Kendi, *Comment devenir antiraciste*, pp. 31 et 32.

28. Brandon Hasbrouck, « The Votes of Black Americans Should Count Twice », *The Nation*, 17 décembre 2020.

29. « Google crée une icône pour identifier les commerces tenus par des Noirs », *Courrier international*, 1er août 2020.

30. Christopher F. Rufo, "Radicals in the Classroom", *City Journal*, 5 janvier 2021.

31. Robin DiAngelo, *op. cit.*, pp. 147 et 57.

32. Léonora Miano, *Afropea*, Paris, Grasset, 2020, p. 147.

33. Dominique Sopo, « "Racisme anti-blanc", ou la banalisation de l'extrême droite », *Libération*, 23 septembre 2019. Voir aussi, du même auteur, « La notion de racisme anti-blanc est l'héritière de ces notions de racisme anti-français ou anti-chrétien », *Le Monde*, 20 septembre 2019.

34. Eric Fassin, cité *in* Elsa Mourgues, « Le racisme anti-Blancs existe-t-il ? », France Culture, 10 octobre 2018.

35. Robin DiAngelo, *op. cit.*, pp. 239-240.

36. Katherine Timpf, « Seattle Public Schools Want to Teach Social Justice in Math Class. That Hurts Minorities », *National Review*, 22 octobre 2019.

37. Heather Mac Donald, *The Diversity Delusion. How Race and Gender Pandering Corrupt the University and Undermine Our Culture*, New York, St. Martins Press, 2018.

38. On consultera sur ces questions le travail journalistique de Christopher Rufo.

39. Robin DiAngelo, *op. cit.*, pp. 35 et 154.

40. Layla F. Saad, *Me and White Supremacy. Combat Racism, Change the World, and Become a Good Ancestor*, Naperville (Ill.), Sourcebooks, 2020 ; Magali Masson, « Conseils aux personnes blanches », Actualités UQAM, 16 juin 2020.

41. Ibram X. Kendi, *Antiracist Baby*, Toronto, Random House, 2020.

42. « Etats-Unis : des femmes blanches paient 2 500 dollars pour ne plus être racistes », vidéo, *Le Point*, 5 février 2020.

43. *Cf.* https://fr-fr.facebook.com/allyhennypage/posts/white-fragility-self-testask-yourself-the-following-1-do-i-feel-defensive-when-a/1087705494713093/.

44. « Delphine Ernotte : "La diversité sera le fil rouge de mon mandat" à France Télévisions », propos recueillis par Sandrine Cassini et Aude Dassonville, *Le Monde*, 16 novembre 2020.

45. Discours disponible ici : https://www.culture.gouv.fr/Presse/Archives-Presse/Archives-Discours-2012-2018/Annee-2018/Discours-de-Francoise-Nyssen-ministre-de-la-Culture-prononce-a-l-occasion-de-la-conference-de-presse-Audiovisuel-public-presentation-du-scena.

46. Des membres du syndicat à Radio-Canada/CBC exigent des mesures contre le racisme systémique, 14 juillet 2020. Disponible ici : https://www.cmg.ca/fr/2020/07/14/des-membres-du-syndicat-a-radio-canada-cbc-exigent-des-mesures-contre-le-racisme-systemique/.

47. Cité dans Luc Chartrand, « Garder le fort de l'impartialité », FPJQ, 8 octobre 2020 ; https://www.fpjq.org/fr/tous-les-billets/garder-le-fort-de-limpartialite.

48. AFP, « Des critères de diversité pour la catégorie Meilleur film aux Oscars », *Le Devoir*, 9 septembre 2020.

49. « Halle Berry renonce à un rôle transgenre à la suite de critiques », Radio-Canada, 7 juillet 2020.

50. Louise Vandeginste, « Zoe Saldana regrette d'avoir incarné Nina Simone », *Les Inrocks*, 5 août 2020.

51. « Des personnes handicapées offensées par le film *Sacrées sorcières* », Radio-Canada, 4 novembre 2020.

52. Diversité Artistique Montréal, « Pour un processus d'équité culturelle : rapport de la consultation sur le racisme systémique dans le milieu des arts, de la culture et des médias à Montréal », 2018.

Chapitre 4
(pages 135 à 176)

1. Mark McLaughlin, « Hate crime bill : Hate talk in homes "must be prosecuted" », *The Sunday Times*, 28 octobre 2020 ; Madeleine Kearns, « Scotland's Government Slashes Away at Liberty », *National Review*, 3 février 2021.

2. Programme des Cités interculturelles. Introduction à la méthodologie anti-rumeurs ; https://www.coe.int/fr/web/interculturalcities/anti-rumours.

3. Paul Yonnet, *Voyage au cœur du malaise français. L'antiracisme et le roman national*, Paris, Gallimard, 1993.

4. Jacob Mchangama, « The Sordid Origin of Hate-Speech Laws », *Policy Review*, décembre 2011-janvier 2012.

5. Frédéric Potier, *La Matrice de la haine*, Paris, L'Observatoire, 2020, p. 35.

6. Carolin Emcke, *Contre la haine*, Paris, Seuil, 2017, pp. 16 et 117.

7. Commission des droits de la personne et de la jeunesse, Mémoire à la commission des institutions de l'Assemblée nationale sur le projet de loi 59, août 2015, p. 43.

8. « Loi séparatisme : l'histoire derrière l'"amendement anti-Zemmour" », *L'Express*, 11 février 2021.

9. On notera par ailleurs que la référence à une « stratégie offensive déterminée » et « organisée » serait dans un autre contexte assimilée à une théorie conspirationniste.

10. Frédéric Potier, *op. cit.*, pp. 23, 87-88 et 83.

11. Adriana Stephan, « Comparing Platform Hate Speech Policies : Reddit's Inevitable Evolution », The Freeman Spogli Institute for International Studies, 8 juillet 2020.

12. AFP, « Facebook s'attaque plus activement aux propos haineux contre les minorités », Radio-Canada, 4 décembre 2020.

13. Jon Sharman, « Sarah Jeong : *New York Times* journalist who tweeted "cancel white people" is victim of "dishonest" trolls, claims former employer », *Independent*, 3 août 2018.

14. Erwan Cario, « Pauline Harmange : elle, les hommes, elle les déteste », *Libération*, 1er octobre 2020.

15. Daniel Morin, « Charlotte d'Ornellas, nouvelle journaliste étoile montante de "la presse de droite droite droite" », France Inter, 27 septembre 2018.

16. « A propos de l'utilisation de termes racistes dans les institutions d'enseignement », texte disponible sur la page Facebook de l'AFESH UQAM, 18 février 2017.

17. Hannah Giorgis, « A Deeply Provincial View of Freedom of Speech », *The Atlantic*, 13 juillet 2020.

18. Par exemple, Manisha Krishnan, « Penguin Random House Staff Confront Publisher About New Jordan Peterson Book », *Vice*, 24 novembre 2020.

19. AFP, « La justice britannique met des conditions aux transitions des mineurs transgenre », *Le Monde,* 1er décembre 2020.

20. Compte Twitter d'Eugénie Bastié, 17 décembre 2020.

21. Rachel Binhas, « "Père", "mère" : ces mots jugés "discriminatoires" du Royaume-Uni au Québec », *Marianne*, 20 février 2021.

22. Alexandre Bédard, « Se battre toutes et tous ensemble contre les inégalités », *Le Devoir*, 25 juin 2020.

23. Antoine Beaudoin Gentes, « Derrière les opinions, des enfants qui écopent », *Le Devoir*, 25 juin 2020.

24. Pour décrire cette mutation, des catégories idéologiques nouvelles s'imposent, parmi lesquelles on trouve le *deadnaming*, qui consiste ainsi à se référer à une personne qui s'est convertie d'un sexe à l'autre par son ancien nom, ce qui serait lui faire subir une terrible violence symbolique. Un acteur changeant de sexe pourra ainsi voir sa filmographie réécrite et obtenir qu'on change son nom dans les films où il apparaissait avec sa précédente identité. Tout scepticisme devant cette entreprise de réécriture sera naturellement perçu comme un geste haineux.

25. Mark Bray, *L'Antifascisme. Son passé, son présent et son avenir*, Montréal, Lux, 2018, pp. 25, 220, 258, 262 et 300.

26. Roger Caillois, *Instincts et société*, Paris, Gonthier, 1964 ; Andy Ngo, *Unmasked : Inside Antifa's Radical Plan to Destroy Democracy*, New York, Center Street, 2021.

27. Olivier Robichaud, « Une confrontation entre l'extrême-droite et les antifascistes se prépare pour le 1er juillet », *Huffington Post*, 26 juin 2018. Ce texte conte-

nait dans sa version en ligne une correction intéressante qu'il vaut la peine de citer : « Une version précédente de ce texte indiquait que des dizaines d'arrestations avaient eu lieu lors de la manifestation de La Meute et de Storm Alliance, le 25 novembre 2017. Selon la police, les personnes interpellées étaient des contre-manifestants liés aux groupes antifascistes de gauche. » Si la violence antifasciste est souvent revendiquée par ceux qui s'inscrivent sous cette bannière, elle n'en vient étrangement pas à devenir un fait central de l'actualité. Il ne s'agit aucunement par ailleurs de contester l'existence d'une violence de groupuscules violents néofascistes de l'autre côté du spectre politique mais de constater qu'elle est la seule à susciter une préoccupation médiatique soutenue.

28. Mathieu Bock-Côté, « Le regain de la violence d'extrême gauche », *Le Figaro*, 14 février 2020.

29. Olivier Maulin, « Nouvelle attaque de la Nouvelle Librairie par les antifas : le silence coupable des médias », *Valeurs actuelles*, 11 octobre 2018.

30. Collectif, « A Letter on Justice and Open Debate », *Harpers*, 7 juillet 2020.

31. Caroline Fourest, *Génération offensée*, Paris, Grasset, 2020, pp. 156 et 17.

32. « Thomas Chatterton Williams : Un espace public corseté par la *"cancel culture"* ne sert pas les intérêts des minorités », propos recueillis par Marc-Olivier Bherer, *Le Monde*, 26 juillet 2020.

Conclusion
(pages 177 à 216)

1. G.K. Chesterton, *Orthodoxie*, Paris, Gallimard, 1984, pp. 46 et 50.

2. Abigail Shrier, entretien avec Eugénie Bastié, « Adolescents transgenres : "Il existe un vrai phénomène de mode aux Etats-Unis" », *Le Figaro*, 15 décembre 2020.

3. Judith Lussier, *On peut plus rien dire*, Montréal, Cardinal, 2019, p. 185.

4. Marie-Odile Magnan, Julie Larochelle-Audet et Annie Pilote, « L'Université, levier dans la lutte pour la justice sociale », *La Presse*, 31 octobre 2020.

5. Paul B. Preciado, *Un appartement sur Uranus. Chroniques de la traversée*, Paris, Grasset, pp. 122 et 93.

6. Emilie Dubreuil, « Montréal veut s'attaquer "à la suprématie" du masculin sur le féminin en français », Radio-Canada, 22 mai 2020.

7. Michaël Lessard et Suzanne Zaccour, *Grammaire non sexiste de la langue française. Le masculin ne l'emporte plus !*, Montréal/Paris, M Editeur/Syllepse, 2017, pp. 9 et 16.

8. Julien Freund, « Ebauche d'une autobiographie intellectuelle », *Revue européenne des sciences sociales*, t. 19, nos 54-55, 1981, p. 11.

9. François Héran, *Avec l'immigration*, Paris, La Découverte, 2017, p. 271.

10. Jean-Françoiss Braunstein, *La philosophie devenue folle*, Paris, Grasset, 2018.

11. Voir notamment Bernard-Henri Lévy, « SOS Antiracisme », *Le Point*, 19 juin 2020.

12. Paul Yonnet, *Voyage au cœur du malaise français. L'antiracisme et le roman national*, Paris, Gallimard, 1993.

13. Julien Freund, *L'Aventure du politique*, Paris, Critérion, 1991.

14. Norimitsu Onishi, « Une prise de conscience raciale en France, où le sujet reste tabou », *New York Times*, 15 juin 2020.

15. Alors que Léonora Miano en appelle à la formation d'Afropea dans le monde occidental, Houria Bouteldja invite plutôt les « racisés » à « se déployer au-delà des frontières de la Nation, aller chercher nos solidarités en Angleterre, aux Etats-Unis, au Portugal ou en Australie. Car avec les sujets coloniaux des métropoles coloniales nous formons ce groupe des damnés de l'intérieur, à la fois victimes et exploiteurs ». Houria Bouteldja, *Les Blancs, les Juifs et nous*, Paris, Editions La Fabrique, 2016, p. 119.

16. Michel De Jaeghere, « Damnatio Memoria », *Le Figaro Histoire*, juillet 2020.

17. Antoine Robitaille, « Bouchard à court d'arguments pro-diversité », *Le Devoir*, 17 août 2007.

18. Cité dans « Les territoires français d'outre-mer s'alarment de l'afflux d'immigrés clandestins », RFI, 20 avril 2007.

19. Cité par David Azerrad dans « The Social Justice Endgame », *The Claremont Review*, printemps 2020.

20. Olivier Roy, « Comment pensent les néo-réacs », *L'Obs*, 25 septembre 2019, p. 77.

21. Eric Dupin, *La France identitaire. Enquête sur la réaction qui vient*, Paris, La Découverte, 2017 ; Alexandre Devecchio, *Les Nouveaux Enfants du siècle. Djihadistes, identitaires, réacs. Enquête sur une génération fracturée*, Paris, Editions du Cerf, 2016 ; George Hawley, *Making Sense of the Alt-Right*, New York, Columbia University Press, 2017.

22. J.M.G. Le Clézio, « Cédric Herrou est un héros quotidien », *L'Obs*, 29 octobre 2020, p. 82.

23. Olivier Schmouker, « Par-delà le "fit" », *Les Affaires*, 14 octobre 2020.

24. Claire Koç, *Claire, le prénom de la honte*, Paris, Albin Michel, 2021.

25. Houria Bouteldja, *Les Blancs, les Juifs et nous*, Paris, Editions La Fabrique, 2016, p. 118.

26. Michel De Jaeghere, « Damnatio Memoria », *loc. cit.*

27. Philippe Néméh-Nombré, dans « Décoloniser notre regard », *Relations*, mai-juin 2019, p. 26.

28. Sadri Khiari, *La Contre-révolution coloniale en France. De de Gaulle à Sarkozy*, Paris, La Fabrique Editions, 2009, p. 206.

29. G.K. Chesterton, *Le monde comme il ne va pas*, Paris, L'Age d'homme, 1994, p. 20.

Composition et mise en pages
Nord Compo à Villeneuve-d'Ascq

MARQUIS

Québec, Canada

Imprimé au Canada